Finnland
hweden
Estland
Russland
Lettland
Ostsee
Litauen
Weiß-
russland
Polen
Ukraine
:hien
Slowakei
Moldawien
Ungarn
Rumänien
oatien
Bosnien-
Herzeg.
Serbien
Schwarzes Meer
Kosovo
Bulgarien
Monte-
negro
Maze-
donien
Alba-
nien
Griechen-
land
Türkei
Zypern
Mittelmeer

Europäische Geschichte

Europäische Geschichte

Erzählt von Manfred Mai

Mit einer kleinen Länderkunde
der europäischen Staaten

Carl Hanser Verlag

Die Schreibweise in diesem Buch entspricht den Regeln der neuen Rechtschreibung.

Unser gesamtes lieferbares Programm und viele andere Informationen finden Sie unter www.hanser.de

1 2 3 4 5 11 10 09 08 07

ISBN 978-3-446-20858-2

Umschlag: Peter-Andreas Hassiepen, München
Umschlagfoto: © Corbis
Satz: Greiner & Reichel, Köln
Druck und Bindung: Ebner & Spiegel, Ulm
Printed in Germany

Inhalt

Die europäischen Staaten heute – eine kleine Länderkunde

1. Vorwort

Dies ist eine von vielen möglichen europäischen Geschichten« – so beginnt der Historiker Hagen Schulze sein Buch »Phönix Europa«. So könnte auch dieses Buch beginnen, denn es gibt viele Möglichkeiten, die Geschichte Europas zu erzählen.

Ich habe mich für eine Form entschieden, die ich schon bei meinen beiden ersten Geschichtsbüchern, der »Deutschen Geschichte« und der »Weltgeschichte«, gewählt habe: Beschränkung auf das Wesentliche, um vor allem jungen Leserinnen und Lesern einen ersten Überblick über das Große und Ganze zu bieten. Bei diesem Ansatz stellt sich natürlich immer die Frage, was man darstellen soll, vor allem aber, was man weglassen darf. Wichtig ist mir, Entwicklungslinien aufzuzeigen und von bedeutenden Ereignissen so zu erzählen, dass sie nachvollziehbar sind. Als Deutscher tue ich das, wie gar nicht anders möglich, aus deutscher Perspektive. Ein Portugiese, ein Rumäne oder ein Finne würde eine andere Perspektive einnehmen und andere Akzente setzen. Ich hoffe, dass ich mit meiner Art des Erzählens dennoch allen europäischen Staaten und ihren Bewohnern gerecht werde. Versucht habe ich es nach Kräften.

Bei der Arbeit an diesem Buch wurde mir bewusst, dass sich mein ganz spezieller Blick auf die deutsche Geschichte und auf die Weltgeschichte mit meinem Blick auf die europäische Geschichte überschneidet. Die Geschichte Athens, Karls des Großen, der Französischen Revolution oder der beiden Weltkriege ändert sich jedenfalls nicht wesentlich, wenn ein und derselbe Autor sie einmal aus welt- und einmal aus europahistorischer Sicht betrachtet. Dem aufmerksamen Leser aller drei Bücher werden deshalb Parallelen nicht entgehen; an manchen Stellen wird er Bausteine der einen in der anderen Geschichte finden. Dennoch hat jedes meiner drei Geschichtsbücher, so hoffe ich jedenfalls, seinen eigenen und sachgerechten roten Faden. Wichtig für diese europäische Geschichte war mir, immer wieder die Ränder unseres Kontinents in den Blick zu nehmen und auch von den oft vernachlässigten kleineren Ländern zu erzählen. Weil sie dennoch hin und wieder aus dem Blick geraten – bei der Konzentration auf die Hauptlinien der europäischen Geschichte sogar geraten müssen –, habe ich der Geschichtserzählung eine kleine Länderkunde aller europäischen Staaten angehängt.

»Europa ist ein großes Haus«, hat Kurt Tucholsky 1932 geschrieben – in dem zahlreiche Familien wohnen, könnte man hinzufügen. In der Vergangenheit haben sich diese Familien oft heftig gestritten. Nach vielen leidvollen Erfahrungen gehen sie heute friedlicher und verständnisvoller miteinander um. Und vielleicht leben sie irgendwann wirklich wie *eine* Familie in dem gemeinsamen europäischen Haus.

Winterlingen, im Dezember 2006

2. Wo liegt Europa?

»Von Europa weiß offenbar niemand Genaues.« Dieser Satz stammt vom »Vater der Geschichtsschreibung«, dem Griechen Herodot (um 485–ca. 425 v. Chr.). Er hat ihn vor fast 2500 Jahren geschrieben. Der Satz könnte auch aus unseren Tagen stammen. Wer von Europa redet oder schreibt, kann damit Verschiedenes meinen, zum Beispiel das geografische Europa. Doch im Gegensatz zu Amerika, Afrika und Australien ist bei Europa keineswegs überall klar, wo seine natürlichen Grenzen verlaufen. Das gilt vor allem für den Osten. Manche sehen die Grenze im Uralgebirge, dem Uralfluss und dem Kaspischen Meer. Damit würde nur der westliche Teil Russlands zu Europa gehören, der östliche zu Asien. Wenn Moskauer oder Leningrader Mannschaften russischer Fußballmeister werden, dürfen sie demnach an den europäischen Pokalwettbewerben teilnehmen – und Mannschaften aus Nowosibirsk oder Krasnojarsk, die hinter dem Ural kicken, dürften das nicht? In der Tat dürfen sie. Es ist nur noch keine Fußballmannschaft von hinter dem Ural russischer Meister geworden. Ähnliche Fragen ergeben sich, wenn man den weiter südlich gelegenen Bosporus als Trennlinie zwischen Europa und Asien ansieht. Dann wäre das türkische Gebiet mit dem größeren Teil Istanbuls westlich des Bosporus europäisch, die restliche Türkei asiatisch. Dennoch können zum Beispiel türkische Gewichtheber aus dem asiatischen Teil ihres Landes Europameister werden. Die Grenzlinien beim Ural oder beim Bosporus erscheinen vielen weiter westlich lebenden Europäern zu weit östlich; ihrer Meinung nach gehören die kaukasischen Völker und die Türkei nicht zu Europa. Hier spielen offensichtlich ethnische und nicht geografische Argumente eine Rolle. Einfacher ist die Sache im Norden, Westen und Süden, wo Europa an seinen Meeresküsten endet. Was die Geografie betrifft, weiß also tatsächlich niemand Genaues von Europa zu sagen.

Und wie ist es mit der Politik? Unabhängig davon, wo die geografischen Grenzen Europas gezogen werden, sie decken sich jedenfalls nicht mit den politischen – auch nicht nach der sogenannten »Osterweiterung«

Die Geschichte von Zeus und Europa inspiriert Künstler seit Jahrtausenden zu den unterschiedlichsten Darstellungen. Dieses römische Mosaik stammt aus dem 1. Jahrhundert nach Christus.

der Europäischen Union auf fünfundzwanzig Mitglieder am 1. Mai 2004. Die Schweizer wollen nach wie vor nicht in die EU; trotzdem käme niemand auf die Idee zu sagen, die Schweiz gehöre nicht zu Europa. Die Norweger haben sich bei zwei Volksabstimmungen gegen einen EU-Beitritt ausgesprochen; dennoch sind sie Europäer, selbst wenn ihnen das nicht gefallen sollte. Ob das auch für die Türken gilt, ist sehr umstritten. Aber die Türkei ist einer der nächsten Beitrittskandidaten. Dass Russland ebenfalls Mitglied der EU werden könnte, ist bisher kein Thema, obwohl sein westlicher Teil üblicherweise Europa zugerechnet wird. Auch von Moldawien, der Ukraine oder Weißrussland ist in diesem Zusammenhang nie die Rede. Schon diese wenigen Beispiele machen deutlich, dass das politische Europa noch schwieriger zu fassen ist als das geografische.

Versuchen wir es deshalb einmal über den Namen, und beginnen wir mit einer sagenhaften Geschichte: In Phönizien, dem heutigen Libanon, lebte eine wunderschöne Prinzessin. Der Götterkönig Zeus verliebte sich in sie und wollte sie haben. Eines Tages vergnügte sich die Prinzessin mit ihren Gespielinnen am Strand des Meeres. Zeus verwandelte sich in einen Stier und näherte sich den Mädchen. Mit einigen Tricks brachte er die Prinzessin schließlich dazu, sich auf seinen Rücken zu setzen. Kaum saß sie oben, stürmte er los, durchquerte das Meer und

Herodot (um 485 – ca. 425 v. Chr.) wurde in Halikarnassos geboren, wo mit dem Mausoleum eines der sieben Weltwunder steht. Er unternahm lange Reisen nach Persien, Ägypten, Babylonien, Italien und zum Schwarzen Meer. Um 450 v. Chr. kam er nach Athen, wo er engen Kontakt zu großen Persönlichkeiten dieser Zeit pflegte. Dazu gehörten Sophokles und Perikles. In dieser Zeit malte er ein Karte der Welt, so wie er sie sich nach seinen Reisen vorstellte.

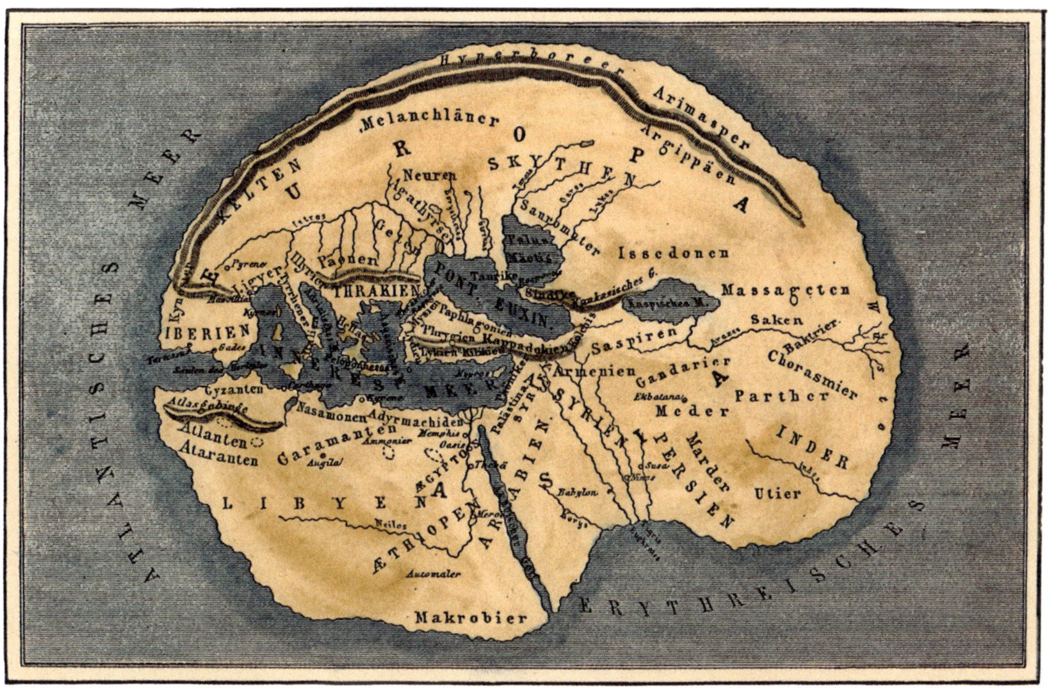

entführte sie auf die griechische Insel Kreta. Dort offenbarte er dem ängstlichen Mädchen, dass er Zeus sei und sie auserwählt habe. Dieser schönen Prinzessin, die Europa hieß, verdankt unser Kontinent seinen Namen – so jedenfalls sagt der Mythos, der so alt ist, dass niemand mehr weiß, wer ihn erfunden hat. Nur dass er aus Griechenland stammt, weiß man sicher.

Weniger phantastisch als die Dichter versuchen Sprachwissenschaftler, die Entstehung des Namens Europa zu erklären. Vermutlich stammt er vom semitischen »ereb«, was so viel wie Abend, Dunkelheit bedeutet. Aus der Sicht der Phönizier, deren Sprache zu den semitischen zählt, lag Griechenland in Richtung der untergehenden Sonne. Der Gegenbegriff lautet »asu« und steht für die Länder der aufgehenden Sonne. »Abendland« und »Morgenland« haben hier ihre etymologischen Wurzeln. Ursprünglich bezeichnete »ereb« nur den Norden des griechischen Festlandes. Erst später wurde der Name auf weitere Gebiete ausgedehnt, zuerst auf das ganze Griechenland und dann darüber hinaus. Im 8. Jahrhundert v. Chr. taucht der Name »Europa« zum ersten Mal auf – in einem Text des griechischen Dichters Hesiod.

Ende des 6. Jahrhunderts v. Chr. teilten die Griechen die Erde in zwei Zonen ein: Europa und Asien. Herodot fügte als dritten Erdteil Libyen (den bis dahin bekannten nördlichen Teil Afrikas) hinzu. Zu Europa, das er für den größten Erdteil hielt, rechnete er das ihm bekannte Gebiet im Norden Griechenlands bis weit über die Donau hinaus. Als Grenze zwischen Europa und Asien nannte er den Fluss Don.

Ob nun die Version der Dichter oder die der Sprachwissenschaftler stimmt, kann hier nicht entschieden werden. Jedenfalls heißt unser Kontinent Europa. Darüber wenigstens sind sich alle einig.

3. Woher kommt Europa?

Der europäische Kontinent ist seit Jahrzehntausenden von Menschen besiedelt. Doch um unsere frühen Vorfahren geht es in diesem Buch nicht. Hier wollen wir die politische Geschichte Europas erzählen, und die beginnt unbestritten vor 2500 Jahren im alten – antiken – Griechenland. Dieses Griechenland war kein einheitlicher Staat; es gab viele Klein- oder Stadtstaaten, von den Griechen Polis genannt, die untereinander zerstritten waren und häufig Kriege führten. Zu den beiden führenden Städten entwickelten sich Athen und Sparta – allerdings auf verschiedenen Wegen. Sparta setzte auf eine Politik der Stärke, besetzte mit gut ausgebildeten Soldaten Stadt um Stadt auf der Halbinsel Peloponnes und machte alle Nicht-Spartaner zu Sklaven. Kam es zu Unruhen in den besetzten Gebieten, wurden sie mit Waffengewalt niedergeschlagen.

Diese Politik lehnten die Athener ab. Aber auch in ihrem Herrschaftsbereich auf der Halbinsel Attika kam es zu Unruhen, weil die reichen adligen Landbesitzer die Bauern unterdrückten und ausbeuteten. Damit aus den Unruhen keine Aufstände wurden, erfanden die Athener das Amt des Schlichters. Er sollte Regelungen finden, mit denen beide Seiten einverstanden waren. Erster Schlichter wurde Solon (um 640–561 v. Chr.), ein kluger und angesehener Mann. Er bestimmte unter anderem, dass Besitz und Rechte der reichen Adligen begrenzt und den verarmten Bauern ihre Schulden erlassen werden sollten. Sein folgenreichstes Gesetz aber war, dass in Zukunft nicht mehr ein »göttlicher« König oder eine kleine Gruppe von Adligen in Athen bestimmen sollte, sondern die Bürger selbst. Dazu sollten sie sich mindestens vierzig Mal im Jahr in der Volks-

Solon (um 640 v. Chr. – 561 v. Chr.), Holzstich nach einer antiken Porträtbüste versammlung treffen, dort alle wichtigen Fragen diskutieren, Gesetze beschließen und über Krieg und Frieden entscheiden. Für die Ausführung der Gesetze war ein Rat vorgesehen, in den angesehene Bürger gewählt werden konnten. Über die Einhaltung der Gesetze sollte ein unabhängiges Volksgericht wachen. Damit hatte Solon eine völlig neue Herrschaftsform geschaffen. Man nannte sie Demokratie, »Volksherrschaft«.

Solon ist der erste große Staatsmann der europäischen Geschichte. Seine Reformen und die seiner Nachfolger Kleisthenes und Perikles führten nicht nur zu einer neuen Herrschafts-, sondern auch zu einer neuen Lebensform – zumindest für die männlichen Bürger Athens, denn Frauen blieben von den Ämtern ausgeschlossen und besaßen auch kein Wahlrecht. Für die Männer aber galt nicht mehr das Prinzip von Befehl und Gehorsam, sondern von Rede und Gegenrede. Mit diesem öffentlichen Nachdenken und Reden, bei dem eine Sache von allen Seiten beleuchtet wird, haben die Athener sozusagen nebenbei die Philosophie erfunden. Sie befreiten das Denken aus der religiösen Abhängigkeit und machten es selbständig. Nun waren neue Gedanken über Götter und Menschen, über Himmel und Erde möglich.

Die neue Lebens- und Staatsform der Athener wurde allerdings bald von außen bedroht. Im Osten hatten die Perser ganz Kleinasien erobert und waren zu einer Großmacht geworden. Sie verlangten von den griechischen Städten, sich zu unterwerfen, was etliche angesichts der persischen Übermacht auch taten. Alle, die sich nicht unterwerfen wollten, an ihrer Spitze Athen und Sparta, sollten bestraft werden. In dieser Situation schien es so, als würden die Spartaner und Athener zusammenstehen. Doch als die Perser 490 v. Chr. die Ägäis überquerten und mit 20 000 Mann in der Bucht von Marathon landeten, zögerten die Spartaner; die Athener mussten nahezu allein kämpfen. Sie warteten aber nicht, bis die Perser angriffen, sondern zogen dem Feind mit 10 000 Mann entgegen. Dass es ihnen gelang, das doppelt so starke und als unbesiegbar geltende Heer der Perser in die Flucht zu schlagen, betrachteten die Athener als ein Wunder, das nur durch die Mitwirkung der Götter zu erklären war.

Zehn Jahre später griff der Perserkönig Xerxes Griechenland wieder an. Diesmal stellten die meisten Städte ihre Streitigkeiten zurück und

Die Schlacht bei Marathon. Darstellung aus dem 19. Jahrhundert. Nach dem Sieg gegen die Perser lief ein Bote die ca. 42 Kilometer von Marathon nach Athen, um die gute Nachricht zu überbringen. Der Legende nach soll er dort tot zusammengebrochen sein. Der heutige Marathonlauf hat von dieser Geschichte seinen Namen.

Rekonstruktion der Akropolis in Athen. So ungefähr dürfte die Anlage im 5. Jahrhundert vor Christus ausgesehen haben.

kämpften unter der Führung Spartas gegen die Perser. Trotzdem waren sie weit unterlegen, und bald schien die Lage aussichtslos. Doch dann gelang es ihnen, die persische Flotte in die Meerenge von Salamis zu locken und entscheidend zu schlagen.

Im Selbstverständnis der Griechen wurde in den Perserkriegen mit Götterhilfe nicht nur ein Aggressor abgewehrt; es ging vielmehr um den Kampf zweier gegensätzlicher Welten: für Freiheit gegen Unterdrückung, für Demokratie gegen Tyrannei, für Europa gegen Asien. Und nicht nur in Griechenland gelten die Schlachten bei Marathon und bei Salamis bis heute als wegweisend für die europäische Geschichte. Denn nur durch diese Siege konnten die kulturellen Leistungen der Griechen zum Fundament Europas werden. Die Demokratie als neue Herrschaftsform hatte die Chance, sich weiterzuentwickeln. »Eine ›direktere‹ Demokratie als die in Athen hat es niemals gegeben, und unmittelbarer als damals sind Bürger nie an politischen Entscheidungsprozessen beteiligt worden, die Volksversammlung wurde so zum Inbegriff eines Menschenbildes, in dem nahezu sämtliche denkbaren Tugenden lebendig schienen: Vernunft, Augenmaß, Selbstbewusstsein, Bescheidenheit, Gemeinsinn, Verantwortungsbewusstsein«, schreibt der Historiker Michael Salewski in seiner *Geschichte Europas*. Die direkte Demokratie der Athener hat nicht überlebt. Aber nachdem sie einmal gedacht und praktiziert worden war, blieb sie als große politische Idee für alle Zeiten in der Welt.

Ähnliches gilt für andere Ideen, die im antiken Griechenland ihren Ursprung haben: So lehrte Anaxagoras, dass die Sonne keine Gottheit, sondern eine glühende Gesteinsmasse sei; Demokrit behauptete, die Materie bestehe aus kleinsten Teilen, die er Atome nannte; Hippokrates erkannte, dass alle Krankheiten natürliche Ursachen haben, und wurde dadurch zum Begründer der wissenschaftlichen Medizin. Das rationale Denken der sogenannten Sophisten mündete in den programmatischen Satz: »Der Mensch ist das Maß aller Dinge.« Das klang vielen zu neuartig und zu umstürzlerisch, die Sophisten wurden angefeindet und bekämpft. Doch auch ihre Ideen und Theorien blieben. Genauso wie die der Philosophen Sokrates, Platon und Aristoteles, die Athen zwischen 470 und 320 v. Chr. hervorbrachte und die das westliche Denken bis in unsere Zeit prägen.

4. Alle europäischen Wege führen nach Rom

Als in Athen die Demokratie erfunden wurde, war Rom noch ein unbedeutendes Bauerndorf am Ufer des Tibers. Doch es wuchs rasch, unterwarf benachbarte Siedlungen und dehnte seinen Herrschaftsbereich stetig aus. Um 500 v. Chr. zählte die Bevölkerung des römischen Gebietes schon 40 000 Menschen. Wie die Athener, so wollten auch die Römer nicht mehr von einem König regiert werden. Sie lehnten sich gegen die Etrusker, die das ganze nördliche Italien beherrschten, auf und stürzten den verhassten König. Aus der Herrschaft eines Einzelnen sollte die »res publica«, das heißt die »gemeinsame Sache des ganzen Volkes«, werden, die römische Republik. Doch weil die führenden Männer Roms den Menschen nicht so viel Tugend zutrauten wie vormals Solon in Athen, hielten sie die Demokratie nicht für die richtige Herrschaftsform. Erfolgversprechender erschien ihnen eine Mischform: Sie wählten eine Stadtregierung, den Magistrat, mit zwei Konsuln an der Spitze. Die Amtszeit der Konsuln betrug nur ein Jahr, und keiner von beiden konnte ohne Zustimmung des anderen Entscheidungen treffen. So sollte verhindert werden, dass ein Einzelner zu mächtig wurde. Aber die eigentliche Macht lag ohnehin beim Senat, einer Versammlung, der ausschließlich und auf Lebenszeit Männer der reichen, vornehmen Familien, die »Patrizier«, angehörten. Die Männer des einfachen Volkes, die »Plebejer«, durften zwar bei Volksversammlungen sprechen, Gesetze mitbeschließen und den Magistrat mitwählen, aber in Rom zählten nicht alle Stimmen gleich. Ein ausgeklügeltes Wahlsystem sorgte dafür, dass die wohlhabenden Römer immer die Mehrheit besaßen und alle Entscheidungen in ihrem Sinne fällen konnten.

Dennoch waren auch viele Plebejer stolz auf ihren Staat. Dazu trug vermutlich das fortschrittliche römische Recht bei, das schon um 450 v. Chr. auf zwölf Tafeln öffentlich verkündet wurde. Es schützte alle Bürger vor Willkür und gewährte ihnen Rechtssicherheit. Ohne ordentliches Gerichtsverfahren und ohne Schuldbeweis durfte niemand bestraft werden. Das erscheint uns heute selbstverständlich; für die damalige Zeit war es revolutionär. Das römische Rechtswesen wurde später zum Vorbild für viele Rechtsordnungen in Europa.

Die Herren Roms waren mächtig und schafften es mit einem starken Heer, Krieg um Krieg fast ganz Italien zu erobern. Von den vielen Eroberungen profitierten vor allem die Patrizier. Sie teilten die Kriegsbeute unter sich auf, auch die Kriegsgefangenen, die sie als Sklaven für sich arbeiten lassen oder verkaufen konnten. So wurden die Reichen immer reicher, während die Plebejer und die Bauern leer ausgingen. Deswegen kam es immer wieder zu Auseinandersetzungen und Gewalttaten, die schließlich zu Bürgerkriegen führten. Aus einem dieser Bürgerkriege ging der Feldherr Gaius Julius Caesar im Jahr 45 v. Chr. als großer Sieger hervor. Der Senat ernannte ihn zum Diktator auf zehn Jahre, wenig später auf Lebenszeit. Formal war Rom damit zwar immer noch eine Republik, in Wirklichkeit regierte Caesar jedoch als Alleinherrscher – allerdings nicht lange, denn schon nach einem Jahr wurde er von Senatoren mitten in einer Senatssitzung ermordet.

Um Caesars Nachfolge und um das künftige politische System gab es jahrelange Auseinandersetzungen. Schließlich gewann Caesars Adoptivsohn Octavian die Oberhand und wurde im Jahr 27 v. Chr. vom Senat zum »ersten Bürger im Staat« ernannt. Außerdem erhielt er den Ehrentitel Augustus, »der Erhabene«. Dazu kam, da er der Erbe Caesars war, dessen Name. Aus »Caesar« wurde später der Titel »Kaiser«.

Augustus hatte aus Caesars Schicksal gelernt. Er demonstrierte seine Macht nicht, sondern behandelte Senat und Volksversammlung so, dass deren Mitglieder in der Überzeugung arbeiten konnten, sie würden in Rom bestimmen

Zwei Meter und vier Zentimeter groß ist die imposante Marmorstatue des Kaisers Augustus. Er scheint den Römern den Weg zu weisen.

und die Republik funktioniere wieder. Aber als Herr über das römische Heer und über die Staatskasse wusste Augustus, dass nichts gegen seinen Willen entschieden werden konnte. Die römische »res publica« wurde zu einer Monarchie, in der die Macht letztlich in der Hand des Kaisers lag.

Augustus nutzte seine Macht auch, um Kunst und Kultur im Reich zu fördern. So holte er Dichter an seinen Hof und ermöglichte ihnen ein sorgenfreies Leben. Mit Vergil, Horaz und Ovid erlebte die römische

Die italienische Stadt Pompeji wurde am 24. August 79 n. Chr. durch einen Ausbruch des Vulkans Vesuv unter Asche und Lava begraben. Erst im 18. Jahrhundert entdeckten Archäologen die verschüttete Stadt und begannen mit Ausgrabungen. Heute kann man dort eine römische Stadt sozusagen live besichtigen. Das Bild zeigt die Überreste einer Geschäftsstraße.

Literatur im ersten Jahrhundert nach Christus eine Blütezeit. Auf dem Gebiet der Philosophie ragte Seneca heraus, in der Geschichtsschreibung setzten die Historiker Livius und Tacitus für lange Zeit Maßstäbe.

Seine größte Ausdehnung erreichte das Römische Reich um 120 nach Christus. Alle Staaten rund um das Mittelmeer, dazu ganz Gallien (das spätere Frankreich), Germanien bis zum Rhein und ein großer Teil Britanniens, der Balkan und das Schwarze Meer samt Kleinasien waren römisch. Zumindest die klugen Kaiser wussten, dass so ein Riesenreich nicht nur mit Waffengewalt regiert werden konnte. Deswegen durften die verschiedenen Völker ihre Sitten und Bräuche weitgehend beibehalten. Allerdings galt im gesamten Reich römisches Recht, es wurde mit römischen Münzen bezahlt, und es sollten die römischen Götter verehrt werden, wobei Letzteres am wenigsten streng kontrolliert wurde. Die beiden Hauptsprachen waren Latein und Griechisch, mit denen man sich überall verständigen konnte. Dadurch wurde der Handel sehr erleichtert. Außerdem hatte Rom schon früh gute Straßen gebaut, um seine Truppen möglichst schnell bewegen zu können. Dieses Straßennetz kam dem aufblühenden Handel zugute. Ähnliches gilt für die Schifffahrt und die Häfen, die nun für friedliche Zwecke ausgebaut wurden.

So eigenartig es klingen mag, die römischen Provinzen profitierten enorm von der Besetzung und erlebten einen beispiellosen Aufschwung. Städte wurden gebaut und ausgebaut, ihr Zentrum war das Forum, ein großer, von Gebäuden umgebener Platz, auf dem politische Versammlungen und Gerichtsverhandlungen stattfanden. Auch Werkstätten, Läden, Gasthäuser und öffentliche Bäder gehörten zum Stadtbild. Viele römische Gebäude sind überall in Europa erhalten und zeugen bis auf den heutigen Tag von der großen römischen Baukunst.

5. Ein neuer Glaube

Neben den politischen und philosophischen Ideen der Griechen und Römer sollte das Christentum zu einem Grundpfeiler Europas werden. Dabei hat es seine Wurzeln in Palästina, das heißt in Kleinasien. Die dort lebenden Juden lehnten die römische Besatzung ab und ebenso deren Vielgötterei. Sie glaubten nur an einen Gott, den sie Jahwe nannten. Und sie hofften, er werde einen »Messias« schicken, den Erlöser des jüdischen Volkes, des Volkes Israel, der es auch von der römischen Herrschaft befreien würde. Viele sahen in Jesus von Nazareth diesen Erlöser. Als er ungefähr dreißig Jahre alt war, trat er in der Öffentlichkeit als Prediger auf. Alle Menschen seien Gottes Kinder, und der Vater im Himmel habe alle gleich lieb, egal wer oder was sie seien oder getan hätten. Gottes Liebe sei unendlich, und wer seine Sünden bereue, dem werde vergeben. Jesus redete nicht so kompliziert wie die jüdischen Priester und Schriftgelehrten, sondern in der Sprache der einfachen Menschen, und er kleidete Gottes Gebote in Geschichten über Bauern und Fischer, ungehorsame Söhne und verlorene Schafe, sodass selbst Kinder ihn verstehen konnten. Nach den Berichten der Bibel gewann Jesus schnell viele Anhänger, vor allem unter den Armen und Schwachen. Sie nahmen auch seine Lehre vom Reich Gottes, das bald kommen werde, begierig auf. Denn in diesem Reich sollten Friede und Gerechtigkeit herrschen und alle Menschen als Brüder und Schwestern in Liebe miteinander leben.

Jesus' Auftreten und seine Lehre waren eine Provokation für die jüdischen Priester, aber auch für die römische Obrigkeit. Er wurde beschimpft und verspottet und musste am Ende für die Verbreitung seiner Überzeugungen sterben. Der römische Statthalter Pontius Pilatus verurteilte ihn zum Tod am Kreuz. Seine Anhänger, allen voran die zwölf »Jünger«, die Jesus' Schüler gewesen waren, verkündeten später, er sei von den Toten auferstanden und in den Himmel aufgefahren. Für sie war er Gottes Sohn und der lang ersehnte Messias, das heißt Christus, was so viel wie Erlöser bedeutet. Sie gründeten die ersten christlichen Gemeinden in Palästina. Manche zogen über Kleinasien nach Westen und verkündeten die Botschaft Jesu. Eine entscheidende Rolle dabei spielte der Apostel (das heißt: Verkünder der Botschaft Jesu) Paulus, der durch eine Vision zum Christen geworden war. Der gebildete und wortgewaltige Paulus unternahm zahlreiche Reisen, gründete überall christliche Gemeinden und bestärkte sie durch Reden und Briefe in ihrem Glauben. Für Paulus war Jesus mehr als der Messias, den die Juden erwartet hatten; er war nicht gekommen, um nur das Volk Israel zu erlösen, er war der Erlöser aller Menschen und aller Völker. Weil sich viele Menschen von dieser Botschaft angesprochen fühlten, verbreitete sie sich immer weiter.

Anfangs kümmerte sich die römische Führung nicht um die Christen; sie waren eine unbedeutende Minderheit, von der keine Gefahr für das Reich auszugehen schien. Als sich jedoch immer mehr Menschen im Römischen Reich zum Christentum bekannten, kam es zu ersten Verfolgungen. Auch die Christen sollten sich zu dem vergöttlichten Kaiser bekennen. Weil es für die Christen, wie für die Juden, nur ihren eigenen einen Gott gab, weigerten sie sich, mehr noch: Sie behaupteten, alle anderen Götter seien des Teufels. Nach römischem Selbstverständnis war das Hochverrat und musste hart bestraft werden. Zu einer ersten massiven Verfolgungswelle kam es im Jahr 64, nachdem ein Großbrand Rom verwüstet hatte. Kaiser Nero behauptete, Christen hätten den Brand gelegt. Was dann geschah, beschrieb der Geschichtsschreiber Tacitus in seinen »Annalen«: »Man begann alle diejenigen zu verhaften, die sich zu ihrem Glauben bekannten, danach, anhand ihrer Enthüllungen, sehr viele andere, die weniger des Brandes wegen als wegen ihres Hasses gegen das Menschengeschlecht überführt wurden. Aus den Hinrichtungen machte man ein Volksvergnügen: Die einen wurden, bedeckt mit Tierfellen, von Hunden zerfleischt, andere wurden ans Kreuz geschlagen und bei Einbruch der Nacht als lebendige Fackeln angezündet.« Man vermutet, dass unter den Opfern auch die Apostel Petrus und Paulus waren.

In den nachfolgenden Jahrhunderten kam es immer wieder zu Christenverfolgungen, bei denen ungezählte Menschen umgebracht wurden. Trotzdem nahm die Zahl der Christen ständig zu, und um das Jahr 300 gehörte etwa jeder zehnte Bewohner des Römischen Reiches

Konstantin der Große (um 280–337) lässt sich von Papst Sylvester taufen. Ausschnitt eines Wandbildes aus dem Jahr 1246

einer christlichen Gemeinde an. Erst unter Konstantin dem Großen, der von 312 bis 337 regierte, änderte sich die Lage der Christen grundlegend. Um im Reich mehr Ruhe zu haben, erklärte er 313, dass »die Religionsfreiheit nicht verwehrt« sein dürfe, und erlaubte den Christen, ihre Religion frei auszuüben. Damit wollte Konstantin sie für sich gewinnen; tatsächlich wurde unter seinem Schutz das Christentum zur führenden Religion des Römischen Reiches.

Die Frage, ob Konstantin selbst Christ war oder nur aus politisch-taktischen Gründen die christliche Religion gegenüber den anderen Religionen begünstigte, ist noch immer umstritten. Sicher ist, dass während seiner Regentschaft christliche Gedanken auch in die römische Gesetzgebung einflossen. So verdankt ihm Europa die christliche Ehe ebenso wie den Sonntag als den Tag des Herrn. Und Konstantin traf eine weitere folgenreiche Entscheidung: 324 machte er Byzanz, das nach ihm in Konstantinopel umbenannt wurde, zur neuen Hauptstadt des Reiches. Sie lag strategisch günstig am Bosporus und bildete eine Klammer zwischen Ost und West. Konstantin ließ in seiner Stadt prächtige Gebäude und Anlagen errichten und verknüpfte die römische Herrschaftsordnung mit der christlichen Lehre, aber auch mit griechischer und orientalischer Kultur. Konstantinopel wurde zur wichtigsten Stadt des Reiches, und der Osten übertraf den Westen bald an wirtschaftlicher und kultureller Bedeutung. Zum einigenden Band im Reich sollte das Christentum werden; der Kaiser übernahm die Funktion des Schutzherrn über die christliche Kirche.

Der oberste Bischof von Konstantinopel, der »Patriarch«, unterstellte sich dem Kaiser, der Bischof von Rom aber war dazu nicht bereit. In Glaubensfragen beanspruchte er für die Kirche und sich selbst das letzte Wort. Dabei berief er sich auf den Apostel Petrus, der als Stellvertreter von Jesus Christus gewirkt, die Kirche von Rom gegründet und seinen Nachfolgern in Rom die Führung der Christenheit übertragen habe. Der Kaiser im fernen Konstantinopel ließ ihn gewähren, und mit der Zeit wurde der Bischof von Rom, der später den Titel »Papst« (Vater) erhielt, als Führer der Kirche im Westen weithin anerkannt. Nachdem Rom als Hauptstadt des Reiches abgelöst worden war und an Bedeutung verloren hatte, war es nun auf dem Weg zur Hauptstadt der Christenheit.

Im östlichen Teil des Reiches entwickelte sich eine eigene Kirche, die »griechisch-orthodoxe«. Ihr Oberhaupt war der Kaiser, der als Vertreter Gottes galt und auf Bildern mit einem Heiligenschein dargestellt wurde.

So wie die noch junge Christenheit gespalten wurde, wurde auch das alte Römische Reich im Jahr 395 erneut geteilt. Der westliche Teil wurde von germanischen Stämmen immer wieder angegriffen und so geschwächt, dass der Zerfall nicht mehr aufzuhalten war. Im Jahr 476 wurde der letzte Kaiser abgesetzt und das Weströmische Reich hörte auf zu existieren. Das Oströmische, Byzantinische Reich überdauerte trotz vieler Angriffe und Schwächungen noch weitere 1000 Jahre.

6. Das Frankenreich entsteht

Schon seit dem 3. Jahrhundert hatte sich das Römische Reich immer wieder Angriffen germanischer Stämme aus dem Norden ausgesetzt gesehen. Die Römer wehrten sich nach Kräften, doch die »Barbaren«, wie sie alle fremden Völker nannten, waren zu stark; das Jahr 476 markiert, wie wir schon hörten, das Ende des Weströmischen Reiches. Von da an beanspruchte der Kaiser des Oströmischen Reiches in Konstantinopel auch die Herrschaft über den Westen; doch weiter als bis nach Griechenland und Süditalien konnte er sie nicht durchsetzen. Die Entwicklung im größten Teil Europas bestimmten von nun an germanische Stämme, deren Anführer nicht unbedingt daran dachten, ein neues germanisches Reich zu schaffen. Sie schätzten die Errungenschaften des Römertums, und viele empfanden sich selbst als römisch. So kam es allmählich zur Verschmelzung von römischer Kultur und Lebensart mit germanischen Sitten und Gebräuchen.

Die Germanen selbst waren untereinander keineswegs einig und führten häufig Kriege gegeneinander. Der erfolgreichste Kriegsherr war dabei der gerissene und skrupellose Frankenfürst Chlodwig, der alle Stammesfürsten und Verwandten, die ihm hätten gefährlich werden können, ermorden ließ. Auf diese Weise wurde er immer mächtiger, ließ sich zum König machen und eroberte mit seinen Truppen die Gebiete der Alemannen, Burgunder, Westgoten und ganz Gallien. So entstand um 500 das große Frankenreich, aus dem später Frankreich, Deutschland und die Benelux-Länder hervorgingen. Chlodwig nahm den christlichen Glauben an, ließ sich taufen und verlangte das auch von seinen Untertanen. Damit

Die Taufe Chlodwigs durch den Bischof von Reims im Jahr 498, dargestellt auf einer französischen Buchmalerei aus dem Jahr 1375

wurde er zu einem der Baumeister des christlichen Europas, auch wenn er wahrlich nicht nach der Friedensbotschaft Jesus' handelte und lebte. Durch die Einführung des Christentums von oben verschwanden die heidnischen Sitten und Bräuche im Frankenreich allerdings nicht; sie lebten noch über 200 Jahre neben der christlichen Lehre fort. Die endgültige Christianisierung wird dem zu Beginn des 8. Jahrhunderts wirkenden Mönch und späteren Bischof Bonifatius zugeschrieben.

Bronzenes Reiterstandbild Karls des Großen aus dem Jahr 870. Ob der Frankenkönig wirklich so ausgesehen hat, wissen wir nicht.

Rund 300 Jahre nach Chlodwig wurde Karl aus dem Geschlecht der Karolinger zum Alleinherrscher über das Frankenreich. Von Anfang an war es sein Ziel, alle germanischen Stämme in einem Reich zu vereinen, was ihm nach langen Kämpfen auch gelang. Als er am Weihnachtsabend des Jahres 800 vom Papst in Rom zum »Kaiser der Römer« gekrönt wurde, gab es nach Jahrhunderten wieder ein »Weströmisches« Kaiserreich. Karl sah sich als Nachfolger der großen römischen Kaiser und gleichzeitig als weltlicher Führer der Christenheit. Bald wurde er »der Große« genannt, und das sicherlich zu Recht, denn er war nicht nur ein erfolgreicher Kriegsherr, sondern auch ein großer Förderer von Wissenschaft, Kunst und Literatur.

Wie alle klugen Herrscher wusste Karl, wie schwierig es war, ein großes Reich zu sichern und zu verwalten. Auf der Grundlage germanischer Traditionen schuf er deshalb eine neue Herrschaftsform, die für das ganze Mittelalter – so nennt man die Zeit zwischen dem 4. und 16. Jahrhundert – richtungsweisend wurde: Zur Sicherung und Verwaltung des Reiches war der Kaiser auf Hilfe angewiesen. Er suchte sich also treue Gefolgsleute, die man »Vasallen« nannte, und belohnte sie für ihre Dienste. Der Lohn bestand nicht aus Geld, sondern aus Landgütern einschließlich der dort lebenden Bauern. Die Güter bekamen die Vasallen allerdings nicht geschenkt, sondern nur geliehen. Man nannte die Landgüter deshalb »Lehen«; die Vasallen waren Lehnsmänner des Kaisers. Weil im frühen Mittelalter noch die Vorstellung galt, dass alles Land dem Kaiser gehörte, konnte er großzügig Lehen vergeben. Viele waren so riesig, dass die Lehnsmänner davon kleine Lehen an sogenannte Untervasallen abgeben konnten. Und selbst die konnten wieder Vasallen haben.

Mit der Zeit bildete sich eine Lehnsordnung heraus, die genau festlegte, wer wessen Lehnsherr sein durfte, welche Pflichten und Rechte Lehnsherr und Vasall hatten. Ursprünglich war das Lehen an die Person des Vasallen gebunden und fiel nach seinem Tod wieder an den Lehnsherrn zurück. Aber nach und nach schlich sich der Brauch ein, Lehen an die Erstgeborenen weiterzugeben; irgendwann wurde dieser Brauch anerkannt und damit geltendes Recht.

Die mittelalterliche Ordnung beruhte in weiten Teilen Europas auf dem Lehnsprinzip. Weil das lateinische Wort für Lehen »feudum« heißt, sprechen wir von einer Feudalordnung. Diese Ordnung glich einer Pyramide, in der es verschiedene Stockwerke beziehungsweise »Stände« gab. Über allen thronte der Kaiser. Unter ihm standen die weltlichen und geistlichen Reichsfürsten, die ihre Lehen direkt vom Kaiser erhalten hatten. Zusammen mit den übrigen Adligen, Bischöfen und Äbten bildeten sie den ersten Stand. Darunter kamen Ritter, Beamte, wohlhabende Bürger und Handwerker. Ganz unten standen die leibeigenen Bauern, die nicht als Personen, sondern, wie die Sklaven, als Sachen galten und nicht besser behandelt wurden als das Vieh.

Das Leben der Kinder des dritten Standes unterschied sich kaum von dem der Erwachsenen. Für sie gab es keine Kindheit im heutigen Sinn. Von klein auf hatten sie Arbeiten in Haus und Hof zu übernehmen. Sie wurden sehr früh verheiratet, Mädchen oft schon mit 13, Jungen mit 18 bis 20 Jahren. Auf diese Weise wollte ihre Herrschaft die Zahl ihrer Untertanen vergrößern.

Die große Mehrheit der Menschen führte also ein beschwerliches Leben in Armut und Unwissenheit. Daran änderte sich jahrhundertelang so gut wie nichts.

7. Aus dem Frankenreich werden Frankreich und Deutschland

Die Nachfolger Karls des Großen konnten das Frankenreich nicht zusammenhalten. Schon sein Sohn Ludwig der Fromme teilte es unter seinen drei Söhnen auf, als ob es sein persönliches Eigentum wäre. Die beiden jüngeren verbündeten sich gegen ihren älteren Bruder Lothar. Im Straßburger Eid von 842 schworen sie sich vor ihren Soldaten die Treue. Dieser Eid musste den westfränkischen Soldaten in Altfranzösisch, den ostfränkischen in Altgermanisch vorgelesen werden, damit sie ihn verstehen konnten. Das zeigt, dass das Frankenreich auch durch eine Sprachgrenze getrennt war. Als Lothars Geschlecht ausstarb, fielen große Teile seines Reiches an West- und Ostfranken.

Im folgenden Jahrhundert kam es in beiden Reichen zu Auseinandersetzungen zwischen den zahlreichen Stammesfürsten. Zu diesen inneren Schwierigkeiten kamen noch Angriffe von außen: Aus Skandinavien kommend fielen Nordgermanen, auch Normannen oder Wikinger genannt, über die Küstenregionen des westfränkischen Reiches her, eroberten große Gebiete und standen 885 vor Paris. Herzog Odo aus dem Geschlecht der Kapetinger organisierte die Verteidigung und rettete die bedeutendste Stadt des Reiches. Das erhöhte sein Ansehen so sehr, dass die anderen Fürsten ihn 888 zum König wählten. Nach seinem Tod gelang es den Karolingern zwar noch einmal, den Thron zu gewinnen, aber 987 begründete Hugo endgültig die Regentschaft der Kapetinger. Er schaffte es, dass die Fürsten schon zu seinen Lebzeiten seinen Sohn Robert zum nächsten König wählten. Das wurde auch bei ihm und seinen Nachfolgern so gehandhabt. Da jeder König einen regierungsfähigen Sohn hinterließ, bildete sich schließlich eine Erbmonarchie heraus, mit Paris als Königsresidenz. Auch wenn es immer wieder Fürsten gab, die sehr mächtig wurden, so schaffte es doch keiner, einen König zu stürzen. Für die Entwicklung zu einem einheitlichen Staat war es ein Glücksfall, dass die Kapetinger bis 1328 ununterbrochen regierten. Ein

Den Treueschwur der französischen Fürsten hat ein Künstler im Jahre 1827 in einem großen Bild dargestellt. Es misst 5,10 X 9,58 Meter. Schon die Größe sollte die Bedeutung des Ereignisses für Frankreich dokumentieren.

entscheidender Schritt zur Stärkung der Krone gelang Philipp II. Der König wollte an die Engländer verlorene Gebiete zurückerobern, was nur mit Unterstützung der Fürsten möglich war. Er appellierte an ihr »Nationalgefühl« – und alle Fürsten schworen ihm die Treue. Mit diesem Schwur und dem Sieg gegen die Engländer im Juli 1214 begann die Entstehung des französischen Nationalstaates.

Auch im ostfränkischen Reich gab es neben dem König mächtige Fürsten, an ihrer Spitze die Herzöge von Bayern, Sachsen und Schwaben. Anfangs hielten sie trotz der Teilung noch an der Idee der Einheit des karolingischen Reiches fest. Doch mit dem Aussterben der Karolinger im 10. Jahrhundert fielen beide Teile endgültig auseinander, und die Entwicklung zu einem deutschen Staat begann. Im Jahr 936 wählten die ostfränkischen Fürsten den Sachsen Otto I. zu ihrem König. Mit ihm saß 150 Jahre nach Karl dem Großen wieder ein starker Herrscher auf dem Thron. Ihm gelang es, die Macht der Fürsten einzuschränken, und er war auch als Feldherr erfolgreich. 950 unterwarf er Böhmen und

Mähren, dann stoppte er die Ungarn. Die waren jahrzehntelang immer wieder mit Reiterheeren zu Raubzügen ins Reich eingedrungen. Im Jahr 955 schaffte es Otto mit seinem Heer, die Ungarn in der Schlacht auf dem Lechfeld bei Augsburg so entscheidend zu schlagen, dass sie sich nie mehr so weit vorwagten. Noch auf dem Schlachtfeld fand eine gewaltige Siegesfeier statt, und der König ordnete an, in allen Kirchen und Klöstern Dankgottesdienste abhalten zu lassen. Das war propagandistisch geschickt gemacht und stärkte seine Macht weiter.

Otto I. sah sich als Nachfolger Karls des Großen und ließ sich 962 wie dieser in Rom vom Papst zum Kaiser krönen. Von nun an waren die deutschen Könige wieder Römische Kaiser und Schutzherren der Christenheit.

8. Im Norden Europas tut sich was

Noch zur Zeit Karls des Großen begannen im äußersten Norden Europas die Dänen, sich vom Frankenreich abzugrenzen. Sie errichteten einen Schutzwall von der Ostsee zur Nordsee, und es gelang ihnen tatsächlich, ihre Unabhängigkeit zu erkämpfen. Um 950 waren alle Dänen in einem Reich vereint; ihr König Harald Blauzahn ließ sich taufen und setzte die Christianisierung gegen den Widerstand seiner Untertanen durch.

Dänische Wikinger hatten seit dem 9. Jahrhundert ausgedehnte Raubzüge ins Frankenreich, nach England und Südeuropa unternommen. Um das Jahr 1000 sammelten sie alle Kräfte für einen Angriff auf England. Unter Führung des dänischen Königs Knut II. gelang es ihnen, die Engländer endgültig zu besiegen, und Knut wurde König von England. Die dänische Vorherrschaft im Nordseeraum passte den Schweden und Norwegern natürlich nicht. Gemeinsam versuchten sie, ihren südlichen Nachbarn zu erobern, doch die Dänen konnten den Angriff abwehren und im Gegenzug sogar einen Teil Norwegens unterwerfen. Damit war Knut II. König eines großen Reiches und gehörte zu den mächtigsten Herrschern Europas. Diese dänische Glanzzeit dauerte allerdings nur wenige Jahre. Nach dem Tod Knuts des Großen im Jahr 1035 zerfiel das Reich, und übrig blieb ein kleines Land.

Die nördlichste Halbinsel Europas war ursprünglich von germanischen Stämmen bewohnt. Im Lauf der Jahrhunderte konnten sich die Svear (Schweden) im südöstlichen Teil durchsetzen und bis zum Jahr 1000 ein einheitliches Herrschaftsgebiet errichten, das dem heutigen Schweden schon sehr ähnlich sah. Seit dem 9. Jahrhundert versuchten deutsche Missionare, das Land zu christianisieren, stießen jedoch auf den erbitterten Widerstand der heidnischen Svear. Erst als sich König Olav III. im Jahr 1008 taufen ließ, konnte der christliche Glaube langsam Fuß fassen.

Schwedische Wikinger, Waräger genannt, die Krieger und Kaufleute zugleich waren, zogen über die osteuropäischen Flüsse und Seen immer

So malte ein Künstler im Jahr 1900 den warägischen Heerführer Rurik, der um 860 mit seinen Kriegern bis ins heutige Russland vordrang. Die Männer, die sich mit ihren Schiffen auf den Weg in unbekannte Weltgegenden machten, wurden gern als wilde Gesellen dargestellt. Dass von ihnen bis heute eine große Faszination ausgeht, zeigen die zahlreichen Kinder- und Jugendbücher über die Wikinger, wie man die Männer aus Europas Norden mit einem Sammelbegriff nennt.

weiter nach Süden. So entstand ein wichtiger Handelsweg von der Ostsee bis zum Schwarzen Meer – »von den Warägern zu den Griechen«, wie es damals hieß.

Ähnlich verlief die Entwicklung des westlichen Teils der Halbinsel. Auch dort gab es bis ins 9. Jahrhundert zahlreiche Stämme, die gegeneinander kämpften. Im Jahr 872 gelang es Harald Schönhaar, die anderen Stammesfürsten zu unterwerfen und den Grundstein für das Königreich Norwegen zu legen. Doch bald nach seinem Tod zerfiel das Reich und geriet für lange Zeit abwechselnd unter dänische und schwedische Herrschaft.

9. Von Angeln und Sachsen zu Angelsachsen

Große Teile der britischen Inseln gehörten einst zum Römischen Weltreich. Zur Zeit der Völkerwanderung zogen die Römer nach und nach ihre Truppen ab, um ihr Kernland Italien vor den »Barbaren« zu schützen. In Britannien siedelten sich dafür seit dem 5. Jahrhundert Angeln und Sachsen an, die aus dem Gebiet des heutigen Schleswig-Holstein kamen und mit der Zeit zu einem Volk wurden, den Angelsachsen. Sie übernahmen die Herrschaft und drängten die einheimische keltische Bevölkerung in die nördlichen und westlichen Teile des Landes ab, nach Schottland und Wales. Gegen Widerstände im Innern und Angriffe von außen konnten die Angelsachsen ihre Herrschaft 500 Jahre behaupten. Nach dem dänischen Intermezzo zu Beginn des 11. Jahrhunderts riefen die angelsächsischen Adligen Eduard von Wessex aus seinem Exil in der Normandie zurück und machten ihn zum englischen König. Sie wussten, dass Eduard ein frommer Mann war, der sich nicht sonderlich für Politik interessierte, deshalb gingen sie davon aus, dass er kein starkes Königtum anstreben würde. Ein starker König lag nämlich nicht in ihrem Interesse; sie wollten lieber ihre Macht behalten und wenn möglich auf Kosten des Königs noch vergrößern. Ihre Rechnung schien aufzugehen. Zur mächtigsten Adelsfamilie wurde die des Grafen Godwin. Er und seine Söhne übernahmen Schritt für Schritt die Regierung, und weil der König keine Kinder hatte, hofften sie nach seinem Tod auf die Krone. Doch Eduard versprach seinem Vetter Wilhelm, Herzog der Normandie, den Thron.

Nach Eduards Tod im Januar 1066 wählten die Adligen Harold Godwin zum König. Doch Wilhelm war nicht bereit, auf den versprochenen Thron zu verzichten, und überquerte mit 10 000 Kriegern den Kanal. Am 14. Oktober 1066 schlug sein Heer in der Schlacht von Hastings die angelsächsische Armee. Harold wurde dabei getötet, und Wilhelm, der den Beinamen »der Eroberer« erhielt, ließ sich in Westminster zum neuen König von England krönen. Um seine Herrschaft zu sichern, entmachtete er die angelsächsische Oberschicht. Ihren Platz nahmen normannisch-französische Adlige seines Vertrauens ein. Der Adel sprach Französisch, das auch zur Sprache der Oberschicht des Landes wurde. Für die Organisation des staatlichen und kirchlichen Lebens übernahm Wilhelm das französische Lehnswesen.

Wilhelm blieb auch als englischer König Herzog der Normandie. Er gab seine französischen Besitzungen ebenso wenig auf wie seine Nachfolger. Das führte immer wieder zu Konflikten, weil französische Könige das als Stachel in ihrem Fleisch betrachteten. Englische Könige verbrachten oft Monate in Frankreich, um ihren Besitz zu sichern. Diese langen Abwesenheiten nutzte der englische Adel aus, um seinen Einfluss auszubauen. Als König Johann Ohneland den Krieg um die französischen Besitzungen verlor, sah der Adel seine große Chance gekommen: Er zwang den geschwächten König im Jahr 1215, die »Magna Charta Libertatum« zu unterzeichnen. In diesem weltgeschichtlich bedeutenden Dokument wurde zum ersten Mal festgeschrieben, dass der König nur mit Zustimmung der Fürsten, Bischöfe und Barone Steuern erheben durfte. Eine Versammlung hoher Adliger sollte darüber wachen. Aus ihr wurde mit der Zeit ein Gremium, das den König bei allen wichtigen Entschei-

Der berühmte Teppich von Bayeux stammt aus dem 11. Jahrhundert und ist 70 Meter lang! Auf ihm ist die Eroberung Englands durch die Normannen dargestellt.

Die Magna Charta Libertatum vom 12. Juni 1215 gilt als ein Meilenstein auf dem Weg zur parlamentarischen Demokratie.

dungen beriet. Damit war ein erster Schritt zur Einschränkung königlicher Rechte getan; der Keim zu einer parlamentarischen Vertretung des Volkes war gelegt.

10. Europas wilder Osten

Im Osten Europas siedelten sich seit dem 4. Jahrhundert die zahlreichen slawischen Stämme an. Einige besiegten andere, wurden im Lauf der Zeit immer mächtiger und gründeten Reiche. Zum mächtigsten wurde im 9. Jahrhundert das Kiewer Reich, in dem die dort lebenden schwedischen Waräger dominierten. Sie wurden *Rus* genannt, abgeleitet aus dem Finnischen, wo *Ruotsi* das Land Schweden und *ruotsalainen* dessen Bewohner bezeichnet. Später ging der Name *Rus* auf alle Einwohner des Kiewer Reiches über, das den europäischen Teil des heutigen Russland, die Ukraine und Weißrussland umfasste.

Aber schon im 10. Jahrhundert machte ein anderes Reich dem Kiewer den Führungsanspruch in Osteuropa streitig. Ein jüdischer Kaufmann, der damals die Gegend bereiste, notierte: »Was aber das Land Mieszkos betrifft, so ist es das ausgedehnteste unter diesen Ländern. Es ist reich an Getreide und Fleisch, an Honig und Fisch. Und Mieszko besitzt dreitausend gepanzerte Reiter, deren eine Hundertschaft zehn Hundertschaften bei anderen gleichkommt.«

Mieszko war Herzog der »Polanen«, denen Polen seinen Namen verdankt. Er ließ sich 966 taufen und brachte das Land damit auf den Weg in die christliche Staatengemeinschaft Europas. Sein Sohn Boleslaw wurde der erste König von »Polonia«, wie das Reich im Jahr 1000 hieß. Während seiner Regentschaft eroberte die starke und gut ausgebildete Armee Schlesien, Pommern und Mähren. Danach marschierten die Polanen gen Osten und brachten das Gebiet bis Kiew unter ihre Herrschaft. Doch ein derart mächtiges Reich war den deutschen Fürsten ebenso ein Dorn im Auge wie den Fürsten des Kiewer Reichs. In mehreren Kriegen verlor Polonia den größten Teil der eroberten Gebiete wieder. Die neuen Grenzen verliefen ungefähr dort, wo sie heute wieder verlaufen. In den Jahrhunderten dazwischen wurde Polens wechselhafte Geschichte von den beiden großen Nachbarn im Westen und im Osten immer wesentlich mitbestimmt.

Zu südlichen Nachbarn der Polen wurden die Magyaren oder Ungarn, obwohl sie nicht zu den slawischen Stämmen gehörten. Ihre Urheimat lag zwischen dem Ural und dem Kaspischen Meer. Von dort waren sie im Lauf der Jahrhunderte nach Westen gezogen und um 900 schließlich über die Karpaten. In dem fruchtbaren Gebiet zwischen Theiß und mittlerer Donau schlugen die schätzungsweise 100 000 Familien ihr Lager auf. Doch das kriegerische Nomadenvolk hatte noch nicht die Absicht, sesshaft zu werden. Wie einst die Hunnen, die bis nach Rom gezogen waren, verbreiteten nun die Magyaren Angst und Schrecken in Europa. Mit ihren schnellen Reiterheeren brachen sie zu Raubzügen auf, die sie bis an die Nordsee, nach Frankreich und Italien und vor die Tore von Byzanz führten. Erst nach der Niederlage auf dem Lechfeld bei Augsburg im Jahr 955 wurden sie endgültig sesshaft.

Die Sprache der Magyaren klang für ihre Nachbarn in Europa völlig fremd; sie war weder slawisch noch germanisch, weder griechisch noch romanisch. Eine derart fremde Sprache sprachen in Europa nur die Finnen und Esten, die wie die Magyaren zu den finno-ugrischen Völkern gehören. Weil ihre Sitten und Gebräuche denen der Hunnen glichen, wurde aus Hunnen und Ugri irgendwann Hungaria. Und noch heute ist das internationale Autokennzeichen Ungarns ein H.

Nach der Sesshaftwerdung begann die allmähliche Vermischung mit den slawischen Stämmen – und der kluge Großfürst Géza, der am Ende des 10. Jahrhunderts über die Ungarn herrschte, hatte nichts dagegen. Er gelangte zu der Überzeugung, dass sein Volk nur überleben könne, wenn es seine Lebensweise radikal änderte. Dazu gehörte für ihn vor allem die Eingliederung in das christliche Abendland. Er selbst tat sich zwar mit dem neuen Glauben schwer, ließ seinen zehnjährigen Sohn Vajk aber dennoch auf den Namen Stephan taufen. Dabei dachte er nicht nur ans Christentum, sondern auch an die Heiratsdiplomatie. Später gelang es ihm tatsächlich, für seinen Sohn die Tochter des Bayernherzogs zu gewinnen und damit die Verbindungen zu den westlichen Ländern zu stärken.

Als Regent setzte Stephan die Politik seines Vaters fort. Er wusste, dass er den Segen des Papstes brauchte, um sein Land als gleichberechtigtes Mitglied in die abendländische Staatenwelt einzuführen. Und er gewann die Unterstützung des deutschen Kaisers für seine Pläne. Der

An der Stephanskrone fällt das krumme Kreuz auf. Der Legende nach soll eine Hofdame dem ungeliebten König Wladyslaw I. im Jahre 1440 die Krone gestohlen haben, um sie nach Wien zu bringen. Dabei sei sie beschädigt worden. Nach dem Tod Wladyslaw I. habe man die Krone wieder nach Ungarn gebracht und das Kreuz krumm gelassen.

setzte sich bei Papst Sylvester II. für die Aufwertung Ungarns ein. Der Papst erhob Esztergom/Gran zum Erzbistum und krönte Stephan am 1. Januar 1001 zum König. Dass Stephan die Krone nicht aus den Händen des Kaisers erhielt, war für die Zukunft seines Landes von großer Bedeutung: Die sogenannte Stephanskrone wurde zum Symbol für die Unabhängigkeit Ungarns.

11. Wer hat die Macht?

Die Gründungswelle im 10. und 11. Jahrhundert veränderte die politische Landkarte Europas grundlegend. Im Zentrum lag nun das »Heilige Römische Reich Deutscher Nation«; es war für lange Zeit das größte und mächtigste Reich. Bei allen Unterschieden, die zwischen den neuen Reichen bestanden, gab es eine bedeutende Gemeinsamkeit: Das Christentum war offizielle Religion. Doch obwohl die Kirche stark expandierte, stand es nicht gut um sie: Viele Menschen glaubten nach wie vor an ihre alten Götter; die Pfarrer in den Dörfern waren arm und kümmerten sich mehr um Haus und Hof als um ihre Gemeinden; die höheren Geistlichen führten größtenteils kein vorbildliches Leben, und die Klöster »verweltlichten« zunehmend. Deshalb entstand eine Gegenbewegung, deren Ausgangspunkt im Benediktinerkloster Cluny in Burgund lag. Dessen Mönche verlangten eine Rückkehr zu den Idealen des heiligen Benedikt, der von den Ordensbrüdern »ora et labora« – »bete und arbeite« – gefordert hatte. Doch nicht nur das Klosterleben sollte sich ändern; die Kritik der Mönche von Cluny meinte auch die Kirche insgesamt, der sie eine zu große Nähe zu weltlichen Dingen vorwarfen. Tatsächlich war die Verbindung zwischen geistlicher und weltlicher Herrschaft seit den Zeiten Karls des Großen immer enger geworden. Nun begann eine lange Auseinandersetzung um die Frage, wie das Verhältnis zwischen weltlicher und geistlicher Herrschaft geregelt werden sollte.

Der deutsche Kaiser Heinrich III. sah sich, wie seine Vorgänger, als Beschützer der Christenheit. In dieser Eigenschaft wollte er dem Treiben in der Kirche ein Ende bereiten; er setzte Bischöfe und sogar Päpste ab, mit denen er nicht einverstanden war. Das empörte viele Geistliche. Als er mit 39 Jahren starb und ihm sein minderjähriger Sohn Heinrich IV. auf den Thron folgte, sahen sie ihre Chance gekommen. Sie setzten durch, dass der Papst ohne Einmischung des Kaisers von sieben Kardinälen gewählt wurde.

Im Jahr 1073 kam der ehemalige Mönch Hildebrand aus Cluny als Gregor VII. auf den Heiligen Stuhl. Er war sehr fromm und wirklich überzeugt, der Stellvertreter Christi auf Erden zu sein. In seinem außerordentlich kühnen »Dictatus Papae« formulierte er 1075, wie er sich das Verhältnis zwischen geistlicher und weltlicher Herrschaft vorstellte:

– Nur der Papst kann Bischöfe einsetzen und auch wieder absetzen.
– Nur der Papst verfügt über die kaiserlichen Insignien (Herrschaftszeichen).
– Alle Fürsten haben die Füße des Papstes zu küssen.
– Der Papst kann Kaiser absetzen.
– Sein Urteilsspruch darf von niemandem widerrufen werden.
– Über ihn besitzt niemand richterliche Gewalt.
– Er kann Untertanen von ihrem Treueeid gegen schlechte Herrscher entbinden.
– Die römische Kirche hat nie geirrt und wird in Ewigkeit nicht irren.

Dieses Maximalprogramm stellte Gregor nicht auf, um darüber mit den Fürsten zu verhandeln und sich dann mit ihnen auf einen Kompromiss zu einigen. Nein, er ließ keinen Zweifel daran, dass er diese Grundsätze unter allen Umständen durchsetzen wollte.

Die europäischen Fürsten waren empört, und ganz besonders war es Heinrich IV. Der junge König war nicht bereit, das Diktat hinzunehmen; er wollte auf das Recht der Einsetzung – die »Investitur« – von Bischöfen nicht verzichten, denn das hätte seine Position geschwächt. Also setzte er demonstrativ in mehreren italienischen Bistümern Bischöfe seines Vertrauens ein. Daraufhin schrieb ihm der Papst einen Brief, der begann: »Bischof Gregor, Knecht der Knechte Gottes, sendet König Heinrich Gruß und apostolischen Segen, wenn er dem apostolischen Stuhl gehorcht, wie es einem christlichen König ziemt.« Damit war eigentlich schon alles gesagt, aber Gregor wurde noch deutlicher: Sollte Heinrich nicht gehorchen, sei das Sünde und bedeute Verdammnis.

Auf einen groben Klotz gehört ein grober Keil, mögen sich Heinrich und seine Berater gedacht haben und formulierten ein entsprechendes Schreiben. Der Papst wird als »Bruder Hildebrand« angeredet, der als Mönch Hildebrand einen unsittlichen Lebenswandel geführt und sich den Stuhl Petri erschlichen habe. Seither habe er nur Zwietracht gesät und Schande über die Kirche gebracht. Das Schreiben endet damit, dass der Papst für abgesetzt erklärt wird.

Der »bannte« darauf den »sogenannten König Heinrich«, das heißt, er schloss ihn aus der Kirche aus und löste seine Untertanen von ihrem Treueeid.

»Als die Nachricht vom Bann über den König zu den Ohren des Volkes gelangte, da erzitterte unser ganzer römischer Erdkreis«, notierte ein Zeitgenosse. Die Menschen konnten es kaum fassen: Ihr König im Bann wie ein Verbrecher – so etwas hatte es noch nie gegeben.

Es dauerte nicht lange, bis der Bann Wirkung zeigte. Viele Fürsten schlugen sich auf die Seite des Papstes, weil sie sonst selbst vom Bann bedroht gewesen wären. Außerdem hofften sie, ihre eigene Macht auf Kosten des Königs stärken zu können. Der Druck auf Heinrich wurde so stark, dass er sich auf den Weg nach Italien machte, um sich mit dem Papst zu versöhnen. Im Büßergewand trat der König in der Burg Canossa vor den Papst und bat um Vergebung. Und als barmherziger Christ hatte Gregor gar keine andere Wahl: Er musste den reuigen Sünder wieder in den Schoß der Kirche aufnehmen. Der schwere Weg Heinrichs, der zugleich ein kluger Schachzug war, ist als Canossagang in die Geschichte eingegangen.

Heinrich IV. kniet vor dem Abt Hugo von Cluny und der Markgräfin Mathilda von Tuszien. Er bittet die beiden, bei Papst Gregor ein gutes Wort für ihn einzulegen.

Doch auch nach dem Canossagang schwelte der Konflikt weiter. Es dauerte noch Jahrzehnte, bis sich beide Seiten wirklich aufeinander zubewegten, zuerst in England und in Frankreich, dann auch im »Heiligen Römischen Reich«, wo 1122 mit einem Abkommen, dem »Wormser Konkordat«, ein Kompromiss gefunden wurde. Es legte die Zuständigkeiten und Rechte von geistlicher und weltlicher Herrschaft fest. Damit war ein wichtiger Schritt zu dem getan, was man später die Trennung von Kirche und Staat nennen sollte. Zugleich festigte das Abkommen die Stellung des Papstes als Oberhaupt der Christenheit.

12. Krieg im Zeichen des Kreuzes

Für die mittelalterlichen Menschen war die Religion nichts Abstraktes, sondern etwas ganz Unmittelbares. Der christliche Glaube bildete die Grundlage ihres Lebens. Aus ihm schöpften sie die Hoffnung, später einmal, im Paradies, für die Mühsal ihres Erdenlebens entschädigt zu werden. Die Voraussetzung dafür war, dass sie die Gebote ihrer Religion befolgten. Wenn sie das nicht schafften, baten sie Gott um die Vergebung ihrer Sünden und taten Buße. Viele Christen pilgerten dazu ins Heilige Land, nach Palästina und Jerusalem, an die Orte, wo Jesus gelebt und gelitten hatte. Die dort ansässigen muslimischen Araber ließen die Pilger gewähren. Das änderte sich, als türkische Seldschuken 1071 das Gebiet eroberten. Sie entdeckten in den Pilgern eine lohnende Einnahmequelle und ließen sie die heiligen Stätten nur gegen die Zahlung einer Art Eintrittsgeld besuchen. Rückkehrer berichteten auch von »schrecklichen Gräueltaten« der Seldschuken an Christen.

Manche dieser Berichte mögen übertrieben gewesen sein, doch für Papst Urban II. waren sie ein willkommener Anlass, um gegen die »Heiden« vorzugehen. Im Jahr 1095 rief er die Christen mit flammenden Worten zum Krieg gegen die Türken auf: »Ein verfluchtes Volk, ein gottloses Volk hat gewaltsam das Land der Christen überfallen und geplündert und gebrandschatzt ... Wir verkündigen allen, welche die Waffen gegen die Ungläubigen ergreifen, vollkommenen Erlass ihrer Sündenstrafen, und denen, die im heiligen Streit fallen, den Lohn des ewigen Lebens«.

Dieser Aufruf hatte eine gewaltige Resonanz, nicht nur beim Adel und den Rittern, an die er hauptsächlich gerichtet war, sondern auch bei Bauern, bei Handwerkern, ja sogar bei Frauen. Rund 330 000 Menschen folgten ihm. Die Motive der »heiligen Krieger« dürften dabei sehr unterschiedlich gewesen sein; wahrscheinlich reichten sie vom einfachen Weglaufen über die Hoffnung auf reiche Beute bis hin zum Glauben an die Erlösung. In ganz Europa wurden Heere zusammengestellt, und im August 1096 begann unter dem Zeichen des Kreuzes der Marsch nach Palästina. Drei harte Jahre später erreichte dieser erste

Auch die heftige Gegenwehr kann nicht verhindern, dass die Stadt Tarsus den christlichen Kreuzfahrern übergeben werden muss. Das wird auf dieser französischen Buchmalerei aus dem 14. Jahrhundert festgehalten.

»Kreuzzug« sein Ziel. Die christlichen Kreuzfahrer eroberten Jerusalem und richteten unter den dort lebenden Muslimen und Juden ein fürchterliches Blutbad an. Die Türken wurden aus dem Heiligen Land vertrieben, Kreuzfahrer, die nicht in ihre Heimat zurückkehren wollten, gründeten christliche Gemeinschaften, manche sogar eigene kleine Staaten. Weil sie von ihren muslimischen Nachbarn bedroht wurden, baten sie das Abendland immer wieder um Hilfe – weitere Kreuzzüge waren die Folge. Dennoch konnten die Kreuzfahrer nicht verhindern, dass Jerusalem und das Heilige Land schon um 1300 wieder in muslimischem Besitz waren.

Militärisch betrachtet waren die Kreuzzüge ein Misserfolg, gleichwohl blieben sie für das christliche Abendland nicht folgenlos: Zum ersten Mal seit Jahrhunderten kamen die Westeuropäer wieder mit Kulturen in Berührung, die ihrer eigenen überlegen waren. Die meisten Kreuzfahrer kamen aus ländlichen Regionen; nun sahen sie imposante Städte mit mehrstöckigen, zum Teil prunkvollen Gebäuden, mit öffentlichen Badeanstalten, Krankenhäusern und Apotheken, prächtigen Moscheen, Bibliotheken und Schulen. Sie lernten Stoffe aus Samt und Seide, Töpfer- und Glaswaren und orientalische Gewürze kennen. Schon zur Zeit der Kreuzzüge hatte der Handel zwischen Morgen- und Abendland spürbar zugenommen. Italienische Hafenstädte wie Venedig, Pisa und Genua wurden als Zentren dieses Handels reich und mächtig. Neben vielen Waren kamen medizinische und naturwissenschaftliche Kenntnisse, das arabische Zahlensystem und nicht zuletzt das von den Arabern gepflegte antike Erbe nach Westeuropa. Überspitzt könnte man sagen: Die Kreuzzüge haben das Gegenteil dessen bewirkt, was ihre Absicht war. Die Christen zogen aus, um das Heilige Land aus den Fängen von Menschen zu befreien, die man für primitive Heiden hielt. Dort angekommen mussten sie dann erkennen, dass diese Menschen kultivierter waren als sie selbst – die Christen konnten von den Muslimen lernen und nicht umgekehrt. Auf diese Weise hat das Abendland am Ende doch von den Kreuzzügen profitiert.

13. Vom Aufstieg der Städte

Mächtige Burgen, die hoch über dem Land thronen, und Burgruinen, die ihre einstige Größe zumindest ahnen lassen, sind Zeugen der längst vergangenen Ritterzeit. Und noch immer ist das Ritterleben ein beliebtes Thema für Bücher- und Filmemacher. Dabei wird das Leben der Ritter und ihrer Familien oft sehr romantisiert.

Ritter waren zunächst einmal nichts anderes als schwer gerüstete Reiter, die mit ihren Herren in die Schlacht zogen. Allmählich entwickelten sie sich zu einem eigenen Stand, der sich strenge Regeln gab. Das begann schon mit der Ausbildung, während der die »Pagen« und »Knappen« nicht nur Reiten und Kämpfen lernten, sondern auch gutes und höfliches Benehmen. Vor allem aber sollten sie begreifen, dass ein Ritter nicht für den eigenen Vorteil und schon gar nicht aus Ruhmsucht kämpft, sondern allein zum Schutz des Glaubens und der Gerechtigkeit. Der wahre Ritter sollte den Schwachen und Bedürftigen helfen, zuverlässig, treu, edelmütig, großzügig und ohne Furcht und Tadel sein. Das klingt sehr schön, doch da die Ritter keine Heiligen waren, konnten oder wollten nicht alle so leben – man denke nur an die Raubritter.

Das Leben auf den Burgen war unbequem und ziemlich eintönig, vor allem im Winter. Abwechslung boten Turniere, Feste und auch die Minnesänger. Sie trugen ihre Gedichte und Erzählungen mit Musikbegleitung vor. Im Unterschied zu den geistlichen Dichtern, die die mittelalterliche Literatur bis dahin bestimmt hatten, dichteten die Ritter nicht in der Gelehrtensprache Latein, sondern in der Sprache des Volkes. So entstanden unter anderem in Frankreich die Romane über den König Artus und seine Tafelrunde, in Deutschland das »Nibelungenlied«.

Die große Zeit des Rittertums ging im 13. Jahrhundert zu Ende. Gleichzeitig begann der Aufstieg der Städte und damit des Bürgertums. Ausschlaggebend dafür war der rasch zunehmende Handel. An den Kreuzungen wichtiger Handelswege, an Flussübergängen und Häfen, in der Nähe von Burgen und Klöstern entstanden überall neue Städte mit dem Marktplatz als Zentrum. Hier boten Kaufleute, Handwerker und Bau-

Stationen eines Ritterlebens vom Beginn als Page über den Ritterschlag bis zum Tod ern ihre Waren an. Das durften sie allerdings nur, wenn sie an den weltlichen oder geistlichen Stadtherrn zuvor Gebühren bezahlten. Damit diese neue Einnahmequelle reichlich sprudelte, waren die Stadtherren daran interessiert, dass möglichst viele Kaufleute und Handwerker in ihre Stadt kamen. Die aber kamen nur, wenn sie gute Geschäfte, das heißt viele Käufer erwarten konnten. Also mussten die Stadtherren dafür sorgen, dass immer mehr Menschen in ihre Städte zogen. Sie erließen den neuen Bürgern – zumindest für eine gewisse Zeit – die Steuern und erlaubten ihnen, Beruf und Wohnung frei zu wählen und zu heiraten, wen sie wollten. Der Ruf »Stadtluft macht frei!« zog die Menschen massenweise in die Städte. Handwerk und Handel blühten auf, und bald waren es reiche Handwerksmeister und wohlhabende Kaufleute, die das städtische Leben und die Stadtpolitik bestimmten. Man nannte sie – wie im alten Rom – »Patrizier«.

Blick in eine mittelalterliche Stadt

Die städtische Freiheit hat die Unterschiede zwischen Arm und Reich aber keineswegs beseitigt. Es gab viele Mägde, Knechte, Handwerksburschen und dergleichen, die nicht mehr besaßen, als sie zum Leben brauchten, und die nicht wirklich frei waren.

Und eine Gruppe von Menschen war in den Städten isoliert: die Juden. Seit sie von den Römern aus ihrer Heimat in Palästina vertrieben worden waren, lebten sie verstreut in aller Welt, in der »Diaspora«. Ihr Glaube, ihre Sitten und Gebräuche führten zu einem starken Zusammengehörigkeitsgefühl, machten sie jedoch nicht selten zu Außenseitern. In den mittelalterlichen Städten lebten sie in abgeschlossenen Wohnbezirken, den »Ghettos«. Seit 1215 mussten sie sich durch eine besondere Kleidung kenntlich machen. Man zwang sie, einen spitzen Hut zu tragen und einen gelben Fleck auf ihre Kleider zu nähen. Und schon im Mittelalter kam es immer wieder zu Ausschreitungen gegen Juden, zu Verfolgungen und Mord.

Die großen Gewinner dieser Zeit waren die Kaufleute, besonders jene, die Fernhandel betrieben. Sie führten die Geldwirtschaft ein, häuften große Reichtümer an, bauten kleine Fabriken, »Manufakturen«, und gründeten schon im 14. Jahrhundert die ersten Banken, die gegen Zinsen Kredite vergaben. Manche dieser frühen »Kapitalisten«, wie die Medici in Italien oder die Fugger in Deutschland, wurden so reich, dass sie sogar Kaisern und Päpsten Geld leihen und auf die große Politik Einfluss nehmen konnten.

Der Kupferstich aus dem Jahr 1656 zeigt einen römischen Arzt in ungewöhnlicher Kleidung. Sie sollte ihn vor der Pest schützen. Wegen der Form der sogenannten Pestmaske nannten ihn die Leute »Doktor Schnabel«.

Mit dem Aufstieg der Städte eng verbunden ist die Entwicklung der mittelalterlichen Baukunst und die Entstehung der ersten Universitäten. Man baute Dome und Kathedralen, die neben den Marktplätzen mit den prächtigen Rathäusern bis heute die Stadtbilder überall in Europa prägen.

Genauso wichtig waren die ersten Universitäten, die zwischen dem zwölften und vierzehnten Jahrhundert in Bologna, Paris, Cambridge, Prag, Wien, Heidelberg oder Köln entstanden. In ihnen wurde nicht nur der rechte Glaube, sondern auch das wissenschaftliche Denken gelehrt.

Dass man das Mittelalter trotz dieser Leistungen später als »finster« ansah, dazu trugen sicher die vielen Kriege bei, die immer neue Not und neues Elend über die Menschen brachten. Auch dass viele tausend Frauen in jener Zeit gefoltert und verbrannt wurden, weil sie angeblich mit dem Teufel im Bunde standen, ließ diese Zeit finster erscheinen. Und dazu kam als allerschlimmste Plage noch die Pest, der im 14. Jahrhundert etwa ein Drittel der Bevölkerung in Europa zum Opfer fiel. Das alles hatten die Menschen des ausgehenden Mittelalters und der frühen Neuzeit im Sinn, wenn sie das vergangene Zeitalter »finster« nannten.

14. Die christliche Kirche spaltet sich

Um 1500 war das westliche Europa seit vielen Jahrhunderten christlich. Das Oberhaupt der christlichen Kirche war der Papst in Rom. Seine Kirche aber hatte sich im Lauf der Zeit immer mehr verweltlicht; viele Kirchenfürsten schienen mehr an Geld, Pracht und Macht als an der Lehre von Jesus Christus und am Seelenheil der Menschen interessiert. Auch der päpstliche Hofstaat brauchte viel Geld für sein aufwendiges Leben. Als Papst Leo zu Beginn des 16. Jahrhunderts einen Dom bauen wollte, wie die Welt noch keinen gesehen hatte, mussten zusätzliche Einnahmequellen erschlossen werden. In dieser Zeit entstand die Idee des »Ablasshandels«: Der Papst schickte Prediger aus, die den Menschen erzählten, sie könnten Befreiung von ihren Sünden und den Qualen der Hölle erlangen, wenn sie dafür einen »Ablass« bezahlten.

Gegen diesen Handel mit der Vergebung von Sünden wandte sich der deutsche Mönch und Theologieprofessor Martin Luther (1483–1546). Am 31. Oktober 1517 veröffentlichte er 95 Thesen, in denen er aus der Bibel begründete, dass die Ablassprediger sich entweder irren oder den Leuten bewusst die Unwahrheit erzählen mussten. »Ein jeder Christ, der wahre Reue und Leid empfindet über seine Sünden, hat die völlige Vergebung von Strafe und Schuld auch ohne Ablass, allein durch die Gnade Gottes«, schrieb er.

Porträt Martin Luthers (1483–1546), gemalt von Lukas Cranach dem Älteren im Jahr 1528

Viele Christen, auch viele Geistliche, teilten Luthers Kritik an dieser Praxis der katholischen Kirche und drängten mit ihm auf Reformen.

Der Papst aber verlangte von Luther, seine Lehren zu widerrufen, und drohte ihm mit dem Ausschluss aus der Kirche, der »Exkommunikation«. Doch Luther blieb standhaft. Er berief sich auf die

Worte der Bibel, die ihm mehr galten als die des Papstes, den er in seinen Schriften sogar einen »Antichristen« nannte. Als der Papst ihm mit dem Bann drohte, ihm eine »Bannandrohungsbulle« schickte, verbrannte Luther das Schriftstück unter dem Jubel seiner Anhänger. Ein päpstlicher Botschafter meldete nach Rom: »Ganz Deutschland ist in hellem Aufruhr.«

Zeitgenössisches Porträt Jean Calvins (1509–1564)

Um dem Spuk ein Ende zu machen, lud Kaiser Karl V. den »widerspenstigen Mönch« 1521 vor den Reichstag zu Worms. Vor den hohen weltlichen und geistlichen Fürsten sollte er endlich widerrufen. Aber Luther weigerte sich und wäre wohl als Ketzer auf dem Scheiterhaufen gelandet, hätte ihn der Kurfürst von Sachsen nicht beschützt und versteckt.

Auch andere Fürsten schlugen sich auf Luthers Seite und verließen die katholische Kirche. Bald standen sich die beiden Lager unversöhnlich gegenüber; 1546 begann sogar ein Krieg zwischen ihnen. Im anschließenden »Augsburger Religionsfrieden« von 1555 wurde die lutherische Lehre und damit die protestantische Kirche als gleichberechtigt anerkannt. Jeder Fürst des Heiligen Römischen Reiches konnte von nun an entscheiden, welche Religion in seinem Land gelten sollte.

Die Reformation blieb nicht auf Deutschland beschränkt. In der Schweiz wurden der humanistisch gebildete Pfarrer Ulrich Zwingli (1484–1531) und der in Genf lebende Franzose Jean Calvin (1509–1564) zu treibenden Kräften. Vor allem Calvin entwickelte eine eigene Lehre, die deutlich von der lutherischen abwich. Er ging von der »Prädestination«, der Vorherbestimmung des menschlichen Lebens aus; »... denn nicht unter gleicher Bedingung werden alle geschaffen, sondern für die einen wird das ewige Leben, für die andern die ewige Verdammnis vorherbestimmt«. Ob jemand zu den von Gott Auserwählten zählt, wird nach der calvinistischen Lehre schon zu Lebzeiten eines Menschen sichtbar: Wem es gelinge, durch Fleiß und Sparsamkeit seinen Besitz zu vergrößern, dem winke das ewige Leben; wer das nicht schaffe, lande in der Hölle. Diese Vorstellung wurde zum Kern des Calvinismus. Heute gilt das Gewinnstreben, das er seinen Anhängern nahelegt, als eine wichtige Antriebskraft bei der Herausbildung des modernen Kapitalismus.

Calvins Lehre breitete sich später auch in andere Regionen Europas aus: nach Süddeutschland, in die Niederlande, nach Frankreich (wo man die Calvinisten »Hugenotten« nannte), nach Schottland und England. Die schottischen und englischen Calvinisten nannten sich »Puritaner«. Viele Schotten und Engländer, die später nach Amerika auswanderten, waren Puritaner. Sie nahmen großen Einfluss auf die Entwicklung der Vereinigten Staaten, und sie haben diesen Einfluss in »God's own country« bis heute.

15. Zwei neue Reiche auf der iberischen Halbinsel

Nachdem sich im 10. und 11. Jahrhundert in Mittel- und Osteuropa neue Reiche gebildet hatten, entstanden vom 14. bis zum 16. Jahrhundert weitere, zwei davon auf der iberischen Halbinsel. Diese hatten Araber im Jahre 711 – über die Meerenge bei Gibraltar kommend – weitgehend erobert. Die nördliche Grenze bildeten die Pyrenäen. Ein Versuch, weiter vorzudringen, war 772 von Karl Martell, einem Vorfahren Karls des Großen, vereitelt worden. Auf der iberischen Halbinsel aber, in »al-Andalus«, lebten für dreihundert Jahre Muslime, Christen und Juden neben- und miteinander, was im damaligen Europa ohne Beispiel war und zu einer Blütezeit in Wirtschaft, Wissenschaft und Kultur führte. Die Residenzstadt Cordoba galt als eine der schönsten Städte der Welt.

Doch das friedliche Miteinander wurde zunehmend durch die »Reconquista« (Rückeroberung) gestört: Vielen Christen, allen voran den Päpsten, war die arabische Dominanz ein Dorn im Auge. Und als Papst Alexander II. 1064 allen Kämpfern gegen die Muslime – in Spanien Mauren genannt – Segen und Sündenablass versprach, nahm das christliche Vorgehen Kreuzzugscharakter an. Schlacht um Schlacht wurden die Muslime weiter in den Süden getrieben, bis in das kleine Restreich Granada. In jüngster Zeit wird dieser Vorgang häufig nicht mehr als »Reconquista«, sondern als »Conquista« (Eroberung) bezeichnet. Denn die Muslime haben bei der Besiedlung der iberischen Halbinsel keine Christen verdrängt; sie haben ein wenig entwickeltes Land erst kultiviert, auch zum Wohl der Christen. Insofern konnten die gar nichts zurückerobern, denn das kann nur, wem zuvor etwas weggenommen wurde.

Im langen Kampf zwischen den christlichen Fürsten um die Vorherrschaft auf der Halbinsel entstanden die zwei großen Königreiche Kastilien und Aragon. 1469 wurden Königin Isabella von Kastilien und König

Ferdinand von Aragon vermählt. Diese Heirat legte den Grundstein für den spanischen Nationalstaat. Zehn Jahre später wurden die beiden Reiche endgültig vereinigt. Ein wichtiges Ziel des Königspaares war die religiöse Einheit ihres Reiches. Deshalb wurden Muslime und Juden vor die Wahl gestellt, Christen zu werden oder Spanien zu verlassen. Hunderttausende verließen daraufhin das Land. Wer dazu nicht bereit war und auch nicht Christ werden wollte, musste um sein Leben fürchten. Viele Muslime und Juden verschwanden in Folterkellern und wurden dort »peinlichen Befragungen« unterzogen. Diese sogenannte Inquisition forderte ungezählte Opfer. 1492 wurde dann das immer noch muslimi-

Auf einem Hügel der spanischen Stadt Granada liegt die Festungsanlage Alhambra. Sie gilt als eines der schönsten Beispiele arabischer Baukunst. Innerhalb der alten Festungsmauern befinden sich mehrere Paläste und ausgedehnte Gartenanlagen.

sche Granada erobert, und Spanien war endgültig ein christliches Land.

Die ehrgeizige Königin Isabella war es andererseits auch, die den Seefahrer Christoph Kolumbus unterstützte. Als er bei dem Versuch, Indien auf dem Seeweg zu erreichen, Amerika entdeckte, wurde Spanien innerhalb kurzer Zeit zu einem Weltreich.

Der spanische Generalinquisitor Torquemada erpresst das Geständnis einer jungen Frau, indem er ihren Vater foltern lässt. Darstellung aus dem 19. Jahrhundert

Lange Zeit deutete nichts darauf hin, dass auf der iberischen Halbinsel einmal zwei Staaten entstehen würden, denn die Entwicklung verlief auf der ganzen Halbinsel weitgehend identisch. Die Grafschaft »Portucalia« war ein Lehen des kastilischen Königs. Doch seit dem 11. Jahrhundert gab es Bestrebungen, sich vom größeren Nachbarn zu lösen und unabhängig zu werden. 1135 verweigerte Graf Alfons Heinrich den Lehnseid, und nach einem glanzvollen Sieg über ein arabisches Heer im Jahre 1139 schien ihm die Gelegenheit günstig: Er erklärte sein Land für unabhängig und nannte sich König Alfons I. von Portugal. Um Kastilien von einem Übergriff abzuhalten, unterstellte er sein Königreich vorsichtshalber dem Papst, der die Unabhängigkeit bestätigte. Seither hat Portugal seine Gestalt nur noch unwesentlich verändert.

16. Das »dritte Rom«

Am entgegengesetzten, östlichen Ende Europas hatten die aus Asien kommenden Mongolen zu Beginn des 13. Jahrhunderts das Kiewer Reich erobert. Sie ließen die politischen Strukturen und die Kirche weitgehend unangetastet. Wichtig war ihnen, möglichst viel aus dem Land herauszupressen. So mussten ihnen die Fürsten Soldaten und Sklaven stellen und regelmäßig Tribut zahlen. Aufstandsversuche wurden brutal niedergeschlagen. Über 200 Jahre dauerte die Herrschaft der »goldenen Horde«, wie die Mongolen auch genannt wurden.

Iwan IV. (1530–1584) erhielt von seinen Gegnern außerhalb und innerhalb Russlands den Beinamen »der Schreckliche«, weil er seine Politik auch mit schrecklichen Mitteln durchsetzte. Der Maler dieses Porträts versieht ihn nicht von ungefähr mit einem bösen Blick.

Die Befreiung des Landes ging von dem zunächst unbedeutenden Teilfürstentum Moskau aus. Durch geschickte Politik unter dem Motto »Sammlung russischer Erde« konnte es angrenzende Fürstentümer übernehmen und zum Großfürstentum aufsteigen. 1380 war es stark genug, um in der Schlacht auf dem Schnepfenfeld am Don einen ersten militärischen Sieg gegen die Mongolen zu erringen. Seither sahen sich die Moskauer Großfürsten als Vorkämpfer gegen die Fremdherrschaft und wurden in dieser Rolle von den anderen russischen Fürsten anerkannt. Iwan dem Großen (1440–1505) gelang es, die Herrschaft der Mongolen zu beenden und die staatliche Einheit Russlands herzustellen. Und seit Konstantinopel 1453 von muslimischen Türken erobert worden war, betrachteten sich die Moskauer Großfürsten als Verteidiger des Christentums und Nachfolger der byzantinischen Kaiser; denn die russischen Geistlichen behaupteten, nun seien sie die einzig rechtgläubigen – »orthodoxen« – Christen, erklärten Moskau zum »dritten Rom« und zum Zentrum des wahren Christentums. Vom Westen kapselte man sich dabei bewusst ab.

Im Jahre 1547 ließ sich Iwan IV., genannt »der Schreckliche«, als erster russischer Herrscher zum Zaren, das heißt zum Kaiser krönen. Ein führender Geistlicher schrieb in einem Brief: »Wisse, frommer Zar, dass alle Reiche des orthodoxen christlichen Glaubens zusammen übergegangen sind in dein einziges Reich. Du allein bist auf der ganzen Erde der Zar der Christen. Zwei Rome sind gefallen, aber das dritte steht, und ein viertes wird es nicht geben.« Mit Gottes und der Kirche Hilfe werde der Zar die Reiche der Ungläubigen erobern, um die Menschen zu missionieren. Dabei erkannten die russischen Geistlichen die uneingeschränkte Führungsrolle des Zaren an. »Der Natur nach ist der Zar allen Menschen ähnlich, der Gewalt nach ist er ähnlich dem höchsten Gott.«

17. Zwei freiheitswillige Völkchen

Die europäische Geschichte verläuft in Windungen und Wirrungen, die ein chronologisches Erzählen nicht immer möglich machen. Hier werden wir nun zwei solche Windungen betrachten:

Im Herzen des »Heiligen Römischen Reiches Deutscher Nation« hatten sich die Kantone Uri, Schwyz und Unterwalden sowie einige Städte die Reichsfreiheit erkämpft. Die Habsburger, die seit 1273 den Kaiser stellten, wollten das freiheitswillige Völkchen am Vierwaldstätter See wieder an die Reichsleine legen. Dagegen wehrten sich die Menschen in Uri, Schwyz und Unterwalden und schlossen 1291 einen »Ewigen Bund«. Nach der Legende trafen sich Vertreter der drei Urkantone dazu auf dem Rütli und schworen, das Land gemeinsam von den Habsburgern zu befreien. Und die »Eidgenossen« schafften, was angesichts der herrschenden Kräfteverhältnisse unmöglich schien: In der Schlacht am Mor-

Der Holzschnitt aus dem Jahr 1606 zeigt die drei ersten Eidgenossen Werner Stauffacher, Walter Fürst und Arnold Melchthal beim Schwur auf dem Rütli.

garten schlugen sie 1315 ein habsburgisches Heer. Dieser Sieg führte dazu, dass sich weitere Kantone der »Eidgenossenschaft« anschlossen. In den folgenden 150 Jahren wehrten sich die Eidgenossen dann mit allen Mitteln gegen die Habsburger – Friedrich Schiller hat ihnen dafür mit seinem »Wilhelm Tell« ein literarisches Denkmal gesetzt. 1499 erreichten sie die faktische Unabhängigkeit vom Reich; völkerrechtlich wurde die Schweiz allerdings erst im »Westfälischen Frieden« von 1648 als unabhängiger Staat anerkannt.

Porträt des Grafen von Egmont, der am 5. Juni 1568 hingerichtet wurde. Über ihn und den Freiheitskampf der Niederländer hat Johann Wolfgang von Goethe das Trauerspiel »Egmont« geschrieben.

Noch ein freiheitswilliges Völkchen wehrte sich gegen die Habsburger (und hier greifen wir der Geschichte ein größeres Stück vor): die Niederländer. Kaiser Karl V., der auch König von Spanien war, dankte 1556 ab, und sein Sohn wurde als Philipp II. in Spanien sein Nachfolger. Damit war er gleichzeitig Regent über die Niederlande, denn die gehörten damals zu Spanien. Das ist ein schönes Beispiel dafür, wie Länder und Menschen, die nicht unbedingt zusammenpassten, durch Vermählungen zwischen den europäischen Herrschergeschlechtern und daraus resultierenden Erbansprüchen zusammengezwungen wurden.

Von Philipp hieß es, er sei noch katholischer als der Papst. Deswegen wollte er den Calvinismus, der sich in den Niederlanden rasch ausbreitete, mit allen Mitteln bekämpfen. Doch gerade dadurch schürte er den Wunsch nach Unabhängigkeit, der 1566 in einen Aufstand mündete. Philipp schickte Truppen, die den Aufstand blutig niederschlugen. Die Anführer der Unabhängigkeitsbewegung, die Grafen Egmont und Hoorn, wurden hingerichtet.

Daraufhin begann der achtzig Jahre dauernde Freiheitskampf der Niederländer, der zunächst von Wilhelm von Oranien geleitet wurde.

1581 sagten sie sich von der spanischen Krone los und schlossen sich in der »Republik der Vereinigten Niederlande« zusammen. Ihr Handeln rechtfertigten sie so: »Ein Volk ist nicht wegen des Fürsten, sondern ein Fürst um des Volkes Willen geschaffen, denn ohne das Volk wäre er ja kein Fürst. Er ist dazu da, dass er seine Untertanen nach Recht und Billigkeit regiere. Behandelt er sie aber nicht so, sondern bloß wie Sklaven, dann hört er auf ein Fürst zu sein und wird ein Tyrann. Und so erklären wir denn jetzt den König von Spanien verlustig jedes Anspruchs auf die Herrschaft in den Niederlanden. Wir entbinden alle Amtsleute, Obrigkeit, Herren, Vasallen und Einwohner von dem einst dem König von Spanien geleisteten Eid des Gehorsams und der Treue.«

Damit haben die Niederländer als Erste ein Recht auf Widerstand formuliert, das später in viele Verfassungen einfließen sollte.

Wie die Schweiz wurden auch die Niederlande völkerrechtlich erst im »Westfälischen Frieden« von 1648 als unabhängiger Staat anerkannt.

18. Ein neues Bild der Welt

Das ganze Mittelalter hindurch hatte die große Mehrheit der Menschen in Europa ein festgefügtes Weltbild. Die Zustände im Himmel und auf Erden betrachteten sie als von Gott gegeben und darum ewig und unerschütterlich. Nun aber traten Gelehrte und Künstler auf, die dieses Weltbild nicht mehr akzeptieren wollten. Sie stellten sich eine bessere und gerechtere Welt vor. Interessanterweise schauten sie beim Entwurf dieser Welt aber nicht nach vorn, sondern erst einmal weit zurück: in die Welt der Griechen und Römer, die ihnen heller als die eigene erschien. Das nun beginnende Zeitalter hat davon seinen Namen: »Renaissance« – Wiedergeburt.

Die mittelalterlich-christliche Vorstellung, das Leben diene zuallererst der Vorbereitung auf das Jenseits, wollten die Gelehrten und Künstler nicht mehr gelten lassen. Sie wandten sich dem Diesseits zu und rückten den Menschen in den Mittelpunkt ihres wissenschaftlichen und künstlerischen Interesses. Der Mensch wurde nicht mehr nur als Teil eines Ganzen gesehen, sondern als Wesen, das seinen Zweck in sich selbst hat. Die Menschen sollten über sich und ihr Leben selbst entscheiden und ihre Fähigkeiten voll entfalten können. Als Voraussetzung dafür galt den Denkern der Renaissance eine umfassende, am antiken Vorbild orientierte Bildung. Diese geistige Bewegung entstand zuerst in Florenz und Venedig, wo die europäische Kultur zu dieser Zeit am höchsten entwickelt war. Weil der Mensch im Mittelpunkt dieses Denkens stand, spricht man vom »Humanismus«.

Selbstbildnis Leonardo da Vincis (1452–1519) aus dem Jahr 1515

Die Humanisten gewannen ihre neuen Erkenntnisse nicht aus der Bibel, sondern indem sie den Menschen und die Natur genau beobachteten und erforschten. So auch der Italiener Leonardo da Vinci (1452–1519), der als Inbegriff des neuen, des Renaissance-Menschen gilt. Er schuf nicht nur Kunstwerke wie die berühmte »Mona Lisa« und »Das Abendmahl«; er war auch Bildhauer, Wissenschaftler, Architekt, Techniker und Erfinder. Man kennt von ihm sogar Pläne für Flugmaschinen. Er sezierte Leichen, weil er verstehen wollte, wie der Mensch genau gebaut ist und funktioniert, und dokumentierte, was er sah, in anatomischen Zeichnungen. Dabei war sich das Universalgenie Leonardo da Vinci seiner Verantwortung als Wissenschaftler und Erfinder so bewusst, wie man es sich von jedem Wissenschaftler wünschen möchte: »Ich weiß«, schrieb er, »wie man sich unter Wasser aufhalten und lange ohne Nahrung bleiben kann. Aber ich veröffentliche es nicht und erkläre es niemandem. Denn die Menschen sind böse und würden diese

Leonardo da Vinci hat sich unter anderem mit einem großen Menschheitstraum beschäftigt: dem Fliegen. Links ein Flugapparat mit ausgeklappten Landeleitern, rechts der Plan für den Nachbau einer Vogelschwinge

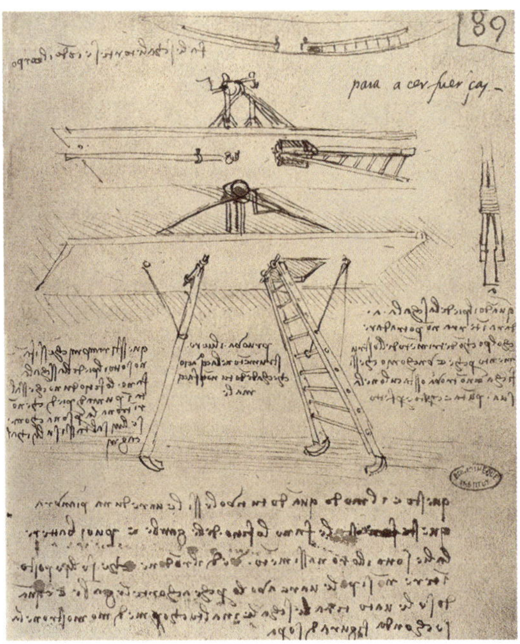

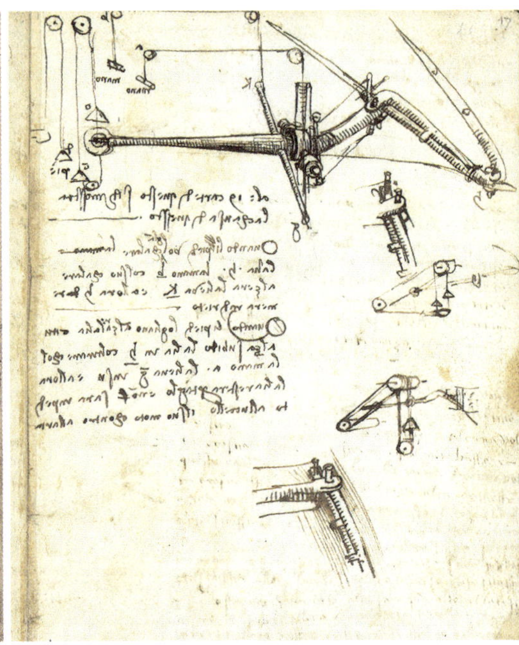

Kunst dazu verwenden, um auch auf dem Meeresgrund zu morden. Sie würden den Boden der Schiffe anbohren und sie mit allen Menschen, die darinnen sind, versenken.«

Doppelseite aus Nikolaus Kopernikus' Hauptwerk »Von den Bewegungen der Himmelskörper« aus dem Jahr 1543. Es wurde nicht gedruckt, sondern noch mit der Hand geschrieben.

Würde man eine Aufstellung der großen Geister der Weltgeschichte versuchen, wäre die Renaissance wie kein anderes Zeitalter vertreten. Leonardos Landsmann Michelangelo, der Maler und Bildhauer, Erasmus von Rotterdam, der große Humanist und Philosoph, Nikolaus Kopernikus, der Astronom, der entdeckte, dass die Erde ein Planet ist und wie die anderen Planeten um die Sonne kreist – sie alle lebten in dieser Zeit. Dass ihre neuen Gedanken und Erkenntnisse schneller verbreitet werden konnten als jemals zuvor, hatten sie der wohl wichtigsten Erfindung der Renaissance zu verdanken: dem Buchdruck. Um 1450 war es dem Mainzer Johannes Gutenberg erstmals gelungen, Bücher mit beweglichen Buchstaben aus Metall zu drucken. Das ging schneller und war billiger, als Bücher mit der Hand zu schreiben oder mit hölzernen Druckstöcken herzustellen. Nun konnten beliebig viele Exemplare eines Buches in gleicher Qualität angefertigt werden. »Das größte Ereignis der Weltgeschichte« nannte der französische Dichter Victor Hugo später Gutenbergs Erfindung.

19. Glaubenskriege

Die katholische Kirche musste bald erkennen, dass sie den Protestantismus kaum würde aus der Welt schaffen können. Doch sie versuchte mit aller Macht, seine Ausbreitung zu verhindern. 1554 wurde das Konzil von Trient einberufen, auf dem 18 Jahre lang über die Erneuerung der katholischen Kirche beraten wurde. Deren Glaubensgrundsätze wurden neu und klarer formuliert und gegen »Irrlehren« abgegrenzt, Rechte und Pflichten des Papstes, der Bischöfe und Priester genau festgelegt. Die Amtsinhaber der Kirche sollten wieder mehr Diener Gottes werden und weniger mit den weltlichen Fürsten um Macht und Reichtum konkurrieren. Die katholische Kirche sollte sich mehr um ihre Gläubigen kümmern und vor allem für die Armen sorgen. So wollte man das Vertrauen der Menschen zurückgewinnen. Man nennt die Zeit, in der sich auch die katholische Kirche reformierte, die Zeit der Gegenreformation. Tatsächlich hatten diese Anstrengungen Erfolg, und viele Menschen kehrten zur katholischen Kirche zurück.

Dennoch herrschte noch lange kein dauernder Frieden zwischen den beiden Religionen. In allen europäischen Ländern, in denen sich Protestanten und Katholiken gegenüberstanden, kam es immer wieder zu Auseinandersetzungen. In Frankreich wurde die Bartholomäusnacht am 24. August 1572 zum traurigen Höhepunkt. Katholische Fanatiker metzelten in dieser Nacht etwa 20 000 Hugenotten nieder. Doch auch hier war die neue Religion nicht auf Dauer zu unterdrücken. 1589 wurde mit Heinrich von Navarra zum ersten Mal ein Hugenotte König von Frankreich. Er musste zwar zum katholischen Glauben übertreten, aber im »Edikt von Nantes« gewährte er 1598 den Hugenotten Gleichberechtigung.

Anders der spanische König Philipp II.: Er wollte den Protestantismus in Europa ausrotten und rief zu einem Feldzug gegen die Protestanten auf. Er selbst ließ die stärkste Kriegsflotte jener Zeit bauen und schickte diese »Armada« in Richtung England. Dort saß die Protestantin Elisabeth I. auf dem Thron, den ihr Maria Stuart, die katholische Königin von

Auf dem Bild ist das Aufeinandertreffen der englischen Flotte (links) mit der spanischen Armada dargestellt. Noch scheint die Armada unbezwingbar.

Schottland, streitig machte. Dass Elisabeth die Widersacherin gefangen nehmen und hinrichten ließ, war einer der Gründe, weshalb Philipp gegen sie zu Felde zog. Sie hatte außerdem die Niederländer bei ihrem Kampf gegen Philipp unterstützt und verfolgte die Katholiken in ihrem Land. Philipp II. wollte England erobern und Elisabeth stürzen. Doch die großen spanischen Schiffe waren beim Kampf zu schwerfällig und den kleinen, schnellen englischen Schiffen unterlegen. Außerdem kam das stürmische Wetter den Engländern zu Hilfe. So gelang es ihnen 1588, die spanische Armada vernichtend zu schlagen. Philipp II. hatte den Kampf um die katholische Vorherrschaft in Europa verloren. Für England begann der Aufstieg zur größten See- und Kolonialmacht der Welt.

In Deutschland dauerte es bis zum Beginn des 17. Jahrhunderts, bis sich die Gegensätze zwischen Katholiken und Protestanten wieder verschärften. Schließlich führte diese Verschärfung zum 1618 beginnenden Dreißigjährigen Krieg. Anfangs ging es dabei tatsächlich noch um die Religion und den Glauben. Doch als die kaiserlich-katholischen Truppen unter ihrem Feldherrn Wallenstein das protestantische Norddeutschland erobert hatten und dessen Kirchengüter dem Reich einverleiben wollten, stellten sich auch katholische Landesfürsten gegen den Kaiser; er sollte nicht zu mächtig werden. Die Frage der Macht war den katholischen Fürsten wichtiger als die Glaubensfrage.

Auch als Nachbarländer in den Krieg eingriffen, ging es in erster Linie um Machtfragen. Der schwedische König Gustav Adolf kämpfte mit seinem Heer zwar für die protestantische Sache, vor allem aber wollte er Norddeutschland von den Katholiken zurückerobern. Gustav Adolf wollte die schwedische Führungsrolle an der Ostsee sichern – und das katholische Frankreich unterstützte ihn dabei. Der Krieg war, für alle sichtbar, kein Religionskrieg mehr. Mit dem Kriegseintritt hoffte

Im Dreißigjährigen Krieg kannten die Soldaten kein Erbarmen, auch nicht gegenüber der Zivilbevölkerung.

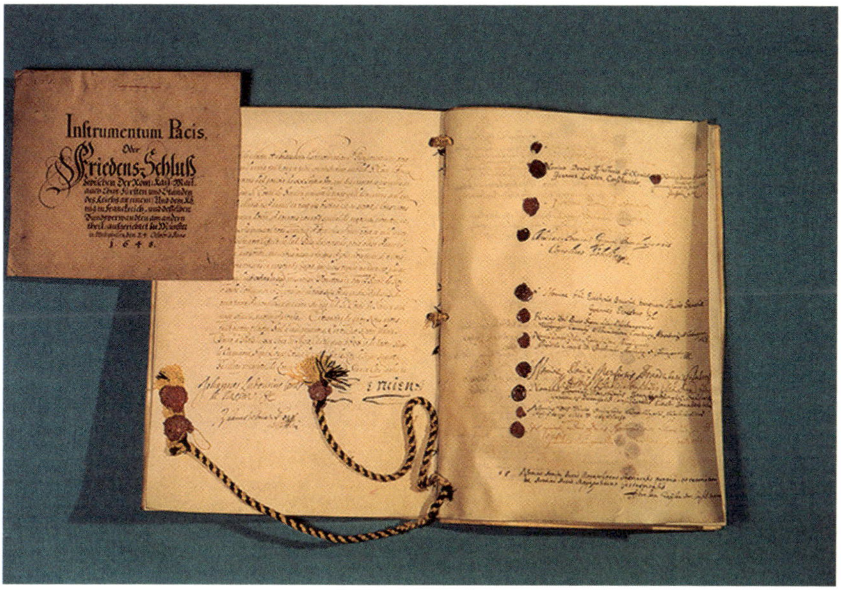

Als endlich alle Fürsten den Friedensvertrag unterzeichnet hatten, war der Dreißigjährige Krieg beendet.

Frankreich, ein zerstrittenes und vom langen Krieg geschwächtes Deutschland als Führungsmacht in Europa ablösen zu können. Am Ende des Krieges war diese Rechnung aufgegangen.

Der »Westfälische Friede« vom Oktober 1648 beendete den verheerenden Dreißigjährigen Krieg und bestätigte den Augsburger Religionsfrieden von 1555. Dieser wurde allerdings um einen wichtigen Punkt ergänzt: Die Untertanen eines Staates konnten von nun an nicht mehr gezwungen werden, die Religion ihres Landesfürsten, Königs oder welcher Obrigkeit auch immer anzunehmen. Die deutschen Landesfürsten wurden auf Kosten des Kaisers gestärkt. Deutschland musste Gebiete an Frankreich und Schweden abtreten, die Schweiz und die Niederlande wurden – wie bereits erwähnt – selbständige Staaten. Hatte das Reich zu Beginn des Krieges etwa 17 Millionen Einwohner, so waren es am Ende noch ungefähr zehn Millionen. Die bewohnten ein verwüstetes Land, das Jahrzehnte brauchten sollte, um die Folgen des Krieges zu überwinden.

20. »L'état c'est moi!« – Der Staat bin ich!

Ob Ludwig XIV., der Sonnenkönig, diesen Satz jemals gesagt hat, ist ungewiss. Doch wenn er nicht wahr ist, so ist er zumindest gut erfunden. Kaum einmal in der Weltgeschichte hat ein Monarch so unbeschränkt und absolut über sein Land geherrscht; es hat auch kaum ein Herrscher länger regiert als er. Er war noch nicht einmal fünf Jahre alt, als er 1643 den französischen Thron bestieg, und blieb 72 Jahre lang König. Natürlich regierte er als Kind nicht selbst, das tat sein Vormund Kardinal Mazarin für ihn. Doch als der 1661 starb, rief der 18-jährige Ludwig den Staatsrat zu sich und erklärte: »Ich habe Sie hierher kommen lassen, um Ihnen zu sagen, dass ich nunmehr meine Angelegenheiten selbst in die Hand nehmen werde. Sie werden mir mit Ihrem Rat zur Seite stehen, wenn ich Sie darum bitte.« Auf die Frage eines Geistlichen, an wen *er* sich nach dem Tod von Kardinal Mazarin wenden solle, antwortete Ludwig: »An mich, Herr Erzbischof!«

Ludwigs oberstes Ziel war es, jeden möglichen Konkurrenten um die Macht im Reich auszuschalten. Er versammelte deshalb nur Männer um sich, die ihm bedingungslos ergeben waren. Hohe Adlige, die alte Rechte auf Positionen und Ämter geltend machten, band er geschickt in sein Herrschaftssystem ein: Er ernannte sie zu seinen Beratern und bestand darauf, dass sie an seinem Hof lebten. So hatte er sie ständig unter Kontrolle. Ihren Rat brauchte er nicht, jedenfalls fragte er sie nicht danach. Der Adel Frankreichs lebte ein prächtiges Leben bei Hofe, aber politischen Einfluss und Macht besaß er nicht. Auch draußen im Land entmachtete Ludwig den Adel und setzte stattdessen ihm treu ergebene Beamte aus dem Bürgertum ein.

Sämtliche Steuern und Zolleinnahmen wanderten unter Ludwig XIV. in die Staatskasse, und nur er bestimmte, wofür das Geld verwendet wurde. Er nahm das Recht für sich in Anspruch, Gesetze zu erlassen, und bestimmte allein über Krieg und Frieden. Er besaß tatsächlich die absolute Macht im Staat – er regierte »absolutistisch«. Sonnenkönig wurde Ludwig XIV. deshalb genannt, weil er sich selbst gern als Sonne bezeichnete.

Auf diesem Gemälde ist Ludwig XIV. acht Jahre alt. Schon da wirkt er wie ein kleiner Sonnenkönig.

In Versailles ließ der Sonnenkönig ein riesiges Schloss bauen. Nach heutiger Währung hat es ungefähr 25 bis 30 Milliarden Euro gekostet – für damalige Verhältnisse eine astronomische Summe. Ein Hofstaat von 4000 Personen musste dort dem König ständig zur Verfügung stehen. Vom Ankleiden am Morgen bis zum Auskleiden am Abend glich alles, was er tat, einem Schauspiel mit ihm als Hauptdarsteller und vielen,

vielen Komparsen. Wie der Bau des Schlosses, so kostete auch dieses prunkvolle, verschwenderische Leben »bei Hofe« viel Geld. Dazu kam eine riesige Armee, ein »stehendes Heer«, das in Friedenszeiten in Kasernen lebte und unterhalten werden musste.

Für all dies das notwendige Geld zu beschaffen war Aufgabe des Ministers Colbert. Der entwarf folgende, im Grunde sehr simple Theorie: Um erfolgreicher als andere Staaten zu sein, müsse man möglichst viel exportieren und möglichst wenig importieren. Für ein solches Wirtschaftskonzept schienen ihm die frühen Industriebetriebe, die Manufakturen, am besten geeignet. Sie wurden nun durch billige Kredite und Steuerfreiheit besonders gefördert. In den Manufakturen selbst wurden die Produktionsprozesse so aufeinander abgestimmt, dass Hunderte von Fach- und Hilfsarbeitern Kleidung, Teppiche, Möbel, Kutschen und vieles andere in großer Zahl und guter Qualität beinahe wie am Fließband herstellten. Um diese Güter schnell verkaufen zu können, wurden Straßen, Kanäle und Häfen vergrößert und neu gebaut. Die Ausfuhrzölle wurden gesenkt, um die Waren im Ausland billiger anbieten zu können; ausländische Waren wurden mit hohen Zöllen belegt und waren deshalb für die meisten Franzosen zu teuer. Diese Wirtschaftspolitik nennt man »Merkantilismus«. Sie hatte in erster Linie Geld in die Staatskasse zu bringen. Rücksicht auf die Bedürfnisse des eigenen Volkes nahm sie nicht.

1698 berichtete ein Berater des Königs von den Sorgen und Nöten des Volkes. Immer mehr Menschen gerieten »an den Bettelstab«. Man habe »von jeher nicht genügend Rücksicht auf das niedere Volk genommen und zu wenig Aufhebens von ihm gemacht. Daher ist es denn auch die am meisten ruinierte und elendeste Schicht im Königreich, andererseits aber durch seine Zahl und durch die wirklichen und nützlichen Dienste, die es dem Staate leistet, die bedeutendste Schicht, die durch ihre Arbeit, ihren Handel, ihre Abgaben den König und sein ganzes Reich emporbringt«. Wenn solche Stimmen das Ohr des Königs überhaupt erreichten, änderte sich deswegen an der Lage des einfachen Volkes trotzdem nichts.

Ludwig XIV. starb hochbetagt am 1. September 1715. Er hinterließ einen Staat, der nach außen glänzte, im Innern aber große Probleme hatte. Die Staatsfinanzen waren zerrüttet, Frankreichs Vormachtstellung in

Europa war bereits im Schwinden, das Volk lebte in elenden Verhältnissen. Dennoch blieb der Sonnenkönig für viele Fürsten im Europa seiner Zeit – dem Zeitalter des »Absolutismus« – das nachahmenswerte Vorbild. Sie imitierten seine Lebensweise, wenn auch meist nur im Kleinen, und übernahmen seinen Regierungsstil. Wenn nicht große, so wollten sie wenigstens kleine Sonnenkönige sein. Wie in Frankreich hatte das einfache Volk darunter zu leiden, vor allem die Bauern wurden in vielen Teilen Europas bis zum Letzten ausgepresst. Sie zahlten Steuern und Abgaben und mussten noch beim Bau der oft riesigen Residenzen und Abteien, Kirchen und Rathäuser Frondienste leisten. Wer heute die prächtigen Bauwerke aus dieser Zeit bewundert, sollte auch daran denken.

21. Die Insel der Freiheit

Ein Land, das vom Absolutismus verschont blieb, war England. Einen uneingeschränkt herrschenden Monarchen gab es dort seit 1215 nicht mehr, dem Jahr der »Magna Charta Libertatum«. Sie hatte bereits festgeschrieben, dass der König nur mit Zustimmung der Fürsten, Bischöfe und Barone Steuern erheben durfte. Eine Versammlung hoher Adliger sollte darüber wachen. Aus ihr wurde mit der Zeit das zweigeteilte englische Parlament: Der Hochadel und die Bischöfe bildeten das »Oberhaus«, die Landritter und Bürger das »Unterhaus«.

Seit der Magna Charta bis zum Beginn des 17. Jahrhunderts hatten sich alle Könige und Königinnen an die Regeln der Zusammenarbeit mit dem Parlament gehalten. Nennenswerte Konflikte hatte es kaum gegeben. Das änderte sich, als 1625 Karl I. König wurde. Er erhob den Anspruch, als von Gott auserwählter Herrscher so regieren zu können, wie es ihm, und nur ihm, gefiel. Im Staat müsse *einer* bestimmen und sei dabei nur Gott Rechenschaft schuldig. Das sahen das englische Parlament und das englische Volk anders.

Oliver Cromwell (1599–1658), der »Streiter Gottes«

Der Konflikt zwischen dem König auf der einen, dem Parlament und dem Volk auf der anderen Seite führte 1642 zum Bürgerkrieg. Die Truppen des Parlaments wurden von Oliver Cromwell (1599–1658) angeführt, einem radikalen Puritaner, der sich selbst einen »Streiter Gottes« nannte. In zwei entscheidenden Schlachten siegte Cromwell mit seinen Truppen. Danach verjagte er alle aus dem Parlament, die sich ihm nicht anschließen wollten und für Verhandlungen mit dem König waren. Das Rumpfparlament brachte den König vor ein Gericht, das ihn zum Tod verurteilte. Am 30. Januar

Das Bild aus dem Jahr 1649 dokumentiert die Hinrichtung Karls I.

1649 wurde Karl I. vor seinem Palast in London enthauptet. Zum ersten Mal in der Weltgeschichte kostete ein Aufstand der Untertanen den König das Leben.

England wurde daraufhin zur Republik erklärt mit Cromwell als Regierungschef. Doch bald stellte sich heraus, dass er sich kaum mehr um die Rechte des Parlaments und des Volkes scherte als zuvor der König. 1653 ließ er sich zum »Lord Protector« auf Lebenszeit ausrufen und regierte das Land mit Hilfe seiner Truppen wie ein Militärdiktator. Nach seinem Tod folgte ihm sein Sohn ins Amt, war aber so unfähig, dass er bereits nach einem Jahr wieder abgesetzt wurde. Die meisten Engländer hatten genug von der Cromwellschen Republik; sie wünschten sich wieder einen König, dessen Macht allerdings ein starkes Parlament kontrollieren sollte.

1660 wurde Karl II. neuer König. Er gelobte, die Rechte des Parlaments zu achten. Doch wieder dauerte es nicht lange, bis sich zeigte, dass auch er die uneingeschränkte Herrschaft im Staat anstrebte. Zudem stand er dem Katholizismus nahe und begünstigte Katholiken bei der Vergabe von Ämtern. Dagegen wehrte sich das Parlament demonstrativ mit einem Gesetz, das Katholiken von allen öffentlichen Ämtern ausschloss. Und nicht genug: Das Parlament wollte sogar verhindern, dass ein Katholik englischer König werden konnte. Als nach Karls Tod dessen katholischer Bruder Jakob II. König wurde, spitzte sich die Lage zu, zumal der neue König den Katholizismus im Land stärken und das Parlament schwächen wollte.

In diesem Konflikt kam dem Parlament gelegen, dass Jakobs Tochter Maria mit dem niederländischen Protestanten Wilhelm III. von Oranien verheiratet war. Die beiden sollten nun im Kampf gegen die Katholiken helfen und dafür die englische Krone erhalten. Sie sagten zu und landeten 1668 mit einem großen Heer in England, worauf der König nach Frankreich floh. Seine Truppen ergaben sich kampflos, so dass Wilhelm und Maria ohne Blutvergießen in London einziehen konnten. Bevor sie gekrönt wurden, mussten sie eine Vereinbarung unterschreiben, die »Declaration of Rights«. Darin wurden dem englischen Parlament und den Bürgern wichtige Grundrechte zugesichert: Gesetze durften nur mit Zustimmung des Parlaments erlassen und außer Kraft gesetzt werden; Steuern, Zölle und Abgaben durften nur mit Zustimmung des Parlaments erhoben werden; die Wahl des Parlaments musste frei und ungehindert stattfinden können; die Parlamentarier durften frei reden und genossen Immunität; ohne Zustimmung des Parlaments durfte der König in Friedenszeiten kein stehendes Heer unterhalten; unabhängige Gerichte waren für die Einhaltung der Gesetze zuständig; niemand durfte ohne richterliches Urteil hingerichtet oder eingesperrt werden. Die Festschreibung dieser Grundrechte im Jahre 1689 war revolutionär; die »Glorious Revolution«, wie man in England sagt, war damit vollendet.

Zur selben Zeit, als überall in Europa große und kleine Fürsten nach französischem Vorbild absolutistisch herrschten, erkämpfte sich das englische Parlament neue Rechte und eine führende Rolle im Staat. Es war ein bedeutender Schritt in Richtung einer freiheitlichen, modernen Staatsverfassung.

»Die englische Verfassung hat eine solche Vollkommenheit erreicht, dass infolgedessen alle Menschen jene natürlichen Rechte genießen, deren sie in fast allen Monarchien beraubt sind.« – So kein Geringerer als der große französische Philosoph Voltaire.

22. Russlands Weg in die Moderne

Jahrhundertelang blieb Russland von den Entwicklungen in der Mitte Europas unberührt. Es war das Land weit im Osten, das sich überdies gegenüber dem Westen abschottete. Das änderte sich erst unter Zar Peter I. (1672–1725), der das rückständige Land reformieren wollte. Für ihn hieß das, sein Land nach Westen zu öffnen und vom Westen zu lernen. Dafür unternahm er 1697/98 eine der ungewöhnlichsten Reisen, die je ein Herrscher unternommen hat: Mit einer Gesandtschaft von 250 Personen bereiste er unter falschem Namen Westeuropa. Er wollte sich selbst ein Bild von den verschiedenen Staatswesen, von den Wirtschafts- und Gesellschaftssystemen machen. Ganz besonders interessierte er sich für neue technische Entwicklungen; er hörte Vorlesungen über Mechanik und besuchte Gelehrte in ihren Werkstätten, um ihnen über die Schulter zu schauen. Unter dem Decknamen Pjotr Michailow soll er auf niederländischen und englischen Werften sogar zehn Monate lang als Schiffszimmermann gearbeitet haben, um zu lernen, wie man gute Schiffe baut. Sein ganz und gar ungewöhnliches Verhalten hat immer wieder Dichter und Musiker inspiriert, so Albert Lortzing zu seiner Oper »Zar und Zimmermann«.

Mit dem neuen Wissen und mit etwa 1000 angeworbenen Fachleuten der verschiedensten Gebiete kehrte der Zar nach Russland zurück. Bald danach mussten die russischen Männer ihre langen Bärte abschneiden und die einheimischen Trachten ablegen, damit sie wie richtige Europäer aussahen. Dann wollte Peter eine neue, europäische Hauptstadt, die zugleich eine Hafenstadt an der Ostsee sein sollte. Obwohl das ausgewählte Gelände von vielen Überschwemmungen sumpfig und völlig ungeeignet war, ließ der Zar massenweise Bauern, Arbeiter und Handwerker zwangsverpflichten, die unter entsetzlichen Lebens- und Arbeitsbedingungen Sümpfe trockenlegen und Baumstämme in den Boden rammen mussten, bevor mit dem Bau von Gebäuden begonnen werden konnte. Man schätzt, dass dabei mehr als 120 000 Menschen ums Leben kamen. Die so entstandene neue Hauptstadt Russlands wurde St. Petersburg genannt. Für den Zaren Peter war sie das »Fenster zum Westen«.

Der nächste Schritt, um Russlands Position in der Welt zu stärken, war der Aufbau eines stehenden Heeres nach westlichem Vorbild. 30 000 bis 40 000 junge Männer wurden dafür jährlich zur Armee einberufen, das heißt: in die Armee gezwungen. Die Flotte wurde zur stärksten Streitmacht in der Ostsee ausgebaut. Und wie die Armee, so organisierte Zar Peter auch die staatliche Verwaltung neu. Dazu teilte er das Reich in acht Bezirke. Deren Gouverneure waren der Reichsregierung verantwortlich, die wiederum dem Zaren. Damit auf allen Ebenen in seinem Sinn gearbeitet wurde, ersetzte Peter den Geburtsadel durch einen Dienstadel. In der neuen Rangordnung für Beamte und Offiziere entschied also nicht mehr die Herkunft, sondern die Leistung, auf welcher Stufe jemand stand.

Von den vielen Reformen Zar Peters profitierten die einfachen Leute, die Arbeiter und Bauern, nicht, im Gegenteil: Sie hatten immer mehr Dienste und Abgaben zu leisten. »Die oberen Klassen lösten sich von

Die Nachfolger Peters des Großen ließen sein Schloss Peterhof unweit von St. Petersburg zu einer riesigen Palastanlage ausbauen. Bald sprachen Besucher vom russischen Versailles.

den russischen Bräuchen und zugleich vom russischen Volk los; sie fingen an, nach ausländischer Art zu leben, sich zu kleiden und zu sprechen … So kam es zum Bruch zwischen Zar und Volk, so löste sich der alte Bund. Der russische Monarch wurde zum Despoten, und das freie Volk erhielt die Bedeutung von unfreien Sklaven«, urteilte ein zeitgenössischer russischer Chronist.

Doch all das kümmerte Peter den Großen, wie er bald genannt wurde, wenig. Mit brutaler Entschlossenheit verfolgte er sein Ziel, Russland zu modernisieren. Als sich der Kronprinz Alexej einer altrussischen Bewegung anschloss, um den westlichen Kurs seines Vaters zu stoppen, ließ der Zar seinen eigenen Sohn ermorden.

Peter der Große starb 1725. Je länger er regierte, desto mehr wurde er von den meisten seiner Untertanen gehasst. Sein politisches Ziel aber, nämlich Russland eine bedeutendere Rolle in der europäischen Politik zu verschaffen, hatte er erreicht.

23. Der Aufstieg Preußens

Im »Heiligen Römischen Reich Deutscher Nation« gewann im Verlauf des 17. Jahrhunderts ein altes Fürstengeschlecht an Bedeutung, dem wohl kaum jemand eine große Zukunft vorausgesagt hätte. Die Hohenzollern herrschten im Land Brandenburg-Preußen, das zersplittert und wirtschaftlich völlig unbedeutend war. Das änderte sich jedoch während der 48-jährigen Regentschaft des Kurfürsten Friedrich Wilhelm. Er modernisierte Verwaltung, Wirtschaft und Armee nach französischem Vorbild und schuf damit die Voraussetzung für den Aufstieg seines Landes. Bei allem Erfolg war er ein eher bescheidener Regent. Sein Sohn Friedrich aber wollte nicht mehr nur Kurfürst, sondern König sein. Nach jahrelangen Verhandlungen und unter Einsatz beträchtlicher Mittel gelang es ihm, die Zustimmung der maßgeblichen Fürsten und des Kaisers zu erkaufen. 1701 krönte sich Friedrich in Königsberg selbst zum »König in Preußen«.

In Wien, am Hof der Habsburger, löste Friedrichs Aufstieg allerdings nur Heiterkeit aus; der erste Preußenkönig wurde dort nicht ernst genommen. Diese Reaktion der Habsburger war sogar verständlich. Friedrich I. war ein Schöngeist von geringem politischen Gewicht, ihn brauchte man in der Tat nicht sonderlich ernst zu nehmen. Von ganz anderem Kaliber aber war sein Sohn Friedrich Wilhelm I., den man bald den »Soldatenkönig« nannte. Für diesen frommen Pedanten waren ein starkes Heer und eine

Der ganze Stolz des Soldatenkönigs war sein Garderegiment mit den sogenannten »Langen Kerls«, die mindestens 1,88 Meter messen mussten. Die für diese Zeit außergewöhnlich groß gewachsenen jungen Männer ließ er in ganz Europa rekrutieren.

sparsame Haushaltsführung die Voraussetzungen, »um meinem Land und meinem Volk dauerndes Glück zu sichern«. Also ließ er, oft mit Gewalt, junge Männer anwerben und verdoppelte die Zahl der Soldaten auf 80 000 Mann. Denen wurde der Gehorsam regelrecht eingeprügelt. Der »preußische Drill« war bald ebenso berühmt wie berüchtigt.

Pflichtbewusstsein, Gehorsam, Disziplin, Ordnung und Fleiß galten dem Soldatenkönig als höchste Werte. Die sah er am besten in der Armee verwirklicht; folgerichtig sollte das ganze Land zu einer Art Kaserne werden. Die »preußischen Tugenden« wurden zu einem festen Begriff, in späteren Zeiten gerieten sie in Verruf; doch ohne sie wäre es kaum gelungen, das kleine, rückständige Land innerhalb so kurzer Zeit auf den Weg zu einer europäischen Großmacht zu bringen. Als Friedrich Wilhelm I. am Ende seines Lebens Bilanz zog, besaß Preußen die drittstärkste Armee in Europa, hatte keine Schulden mehr – und zehn Millionen Taler in der Kriegskasse.

Der Soldatenkönig hatte sich immer gewünscht, dass sein ältester Sohn Friedrich einmal so werden würde wie er. Doch dieser Wunsch ging nicht in Erfüllung. Schuld daran war eine europäische geistige Bewegung, die man Aufklärung nannte und unter deren Einfluss der Kronprinz geriet.

24. Das Zeitalter der Vernunft

Das späte 17. und das 18. Jahrhundert nennt man das »Zeitalter der Vernunft«. Damit soll ausgedrückt werden, dass sich das Denken zunehmend vom Glauben und vor allem vom Aberglauben befreite. Was mit der Renaissance und dem Humanismus begonnen hatte, setzte sich nun verstärkt fort. Vor allem aus England und Frankreich kamen die neuen geistigen Strömungen. Alle bis dahin gültigen Ansichten über Religion, Staat, Gesellschaft und Wirtschaft wurden kritisch hinterfragt und dem strengen Urteil des Verstandes unterzogen. Was dieser rationalen Überprüfung nicht standhielt, wurde – wie bei wissenschaftlichen Experimenten – verworfen. Nur was der Mensch mit seiner Vernunft erkennen könne, sei wahr, hatte der Franzose René Descartes schon 1637 in seiner »Abhandlung über die Methode des richtigen Vernunftgebrauchs« geschrieben.

Die Menschen sollten sich nicht mehr von den alten Autoritäten bevormunden lassen, sondern selbständig und vernünftig, das heißt »aufgeklärt« handeln. In seiner berühmten Definition fasste der deutsche Philosoph Immanuel Kant zusammen, was unter Aufklärung zu verstehen sei:

»Aufklärung ist der Ausgang des Menschen aus seiner selbstverschuldeten Unmündigkeit. Unmündigkeit ist das Unvermögen, sich seines Verstandes ohne Leitung eines anderen zu bedienen. Selbstverschuldet ist diese Unmündigkeit, wenn die Ursache derselben nicht am Mangel des Verstandes, sondern der Entschließung und des Mutes liegt, sich seiner ohne Leitung eines anderen zu bedienen.

Sapere aude! Habe Mut, dich deines eigenen Verstandes zu bedienen! ist also der Wahlspruch der Aufklärung.«

Immanuel Kant (1724–1804)

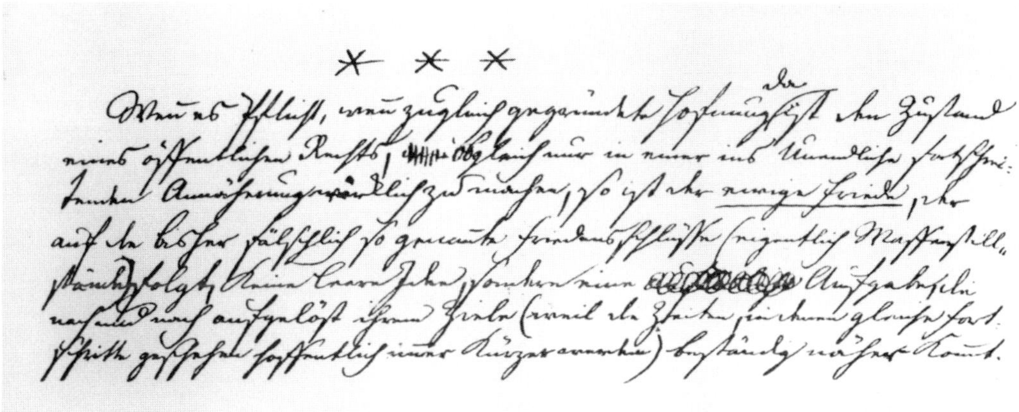

Das Manuskript der Schrift »Zum ewigen Frieden«, in der Kant ausführt, dass erst eine Weltinnenpolitik zu einem dauerhaften Frieden zwischen den Menschen und Völkern führen könne. Dahin ist auch heute noch ein weiter Weg. Zu einer europäischen Innenpolitik sind immerhin ein paar erste Schritte zurückgelegt.

Die Aufklärer sprachen von einer natürlichen Gleichheit der Menschen und davon, dass jeder Mensch Rechte und eine Würde habe, die ihm niemand nehmen dürfe, auch nicht der Kaiser. Der englische Philosoph John Locke schrieb 1689: »Wenn wir betrachten, in welchem Zustand sich die Menschen von Natur befinden, so sehen wir: Dies ist ein Zustand völliger Freiheit.«

Rund 70 Jahre später begann der Genfer Jean-Jacques Rousseau sein Buch »Der Gesellschaftsvertrag« mit dem Satz: »Der Mensch wird frei geboren, und überall ist er in Ketten.« Diese Ketten wollten Rousseau, Locke, Kant, Montesquieu, Voltaire und die anderen Aufklärer sprengen. Die frei geborenen Menschen sollten sich ebenso frei in Gemeinschaften zusammenschließen, die ihre natürlichen Rechte schützten. Sie sollten Verträge schließen, in denen die Rechte und Pflichten der Regierten und der Regierenden gleichermaßen festgelegt wurden. Damit niemand im Staat zu mächtig werden könne, solle die Macht geteilt werden: Die einen beschließen die Gesetze, die anderen führen sie aus, und wieder andere achten darauf, dass dabei alles mit rechten Dingen zugeht.

Nach diesem Denken sind die Herrscher also nicht von Gott, sondern vom Volk eingesetzt. Ihre Aufgabe ist es, die Würde des Menschen zu achten, seine Freiheit zu schützen, sein Wohlergehen und sein Glück zu fördern. Hält sich ein Herrscher nicht an den Vertrag mit seinem Volk und missbraucht das in ihn gesetzte Vertrauen, kann das Volk ihn absetzen. Diese neuen, revolutionären Gedanken widersprachen natürlich dem in Europa herrschenden Absolutismus, und die allermeisten Fürsten lehnten sie ab. Nur Joseph II. von Österreich, die russische Zarin Katharina die Große und eben der preußische Kronprinz Friedrich ließen sich von den Aufklärern beeinflussen.

25. Ein Philosoph auf dem preußischen Thron?

Friedrich II. (1712–1786) hatte für einen Königssohn eine ungewöhnlich harte Kindheit und Jugend. Sein Vater, der Soldatenkönig, wollte ihn zu seinem Ebenbild erziehen: »Fritz muss werden wie ich!« Schon vom fünften Lebensjahr an steckte er den kleinen Fritz in Uniformen und nahm ihn zu Ausritten, Jagden, Paraden und Manövern mit. Dabei war dem Kronprinzen das Militärische ebenso zuwider wie die »preußischen Tugenden«. Dagegen liebte der begabte und sensible Friedrich das höfische Leben und die schönen Künste, las mit Vorliebe französische Literatur, beschäftigte sich mit der Philosophie, schrieb Gedichte und spielte heimlich Flöte. Für seinen Vater waren das nichts als dumme Flausen, die er ihm mit Hieben und Stockschlägen auszutreiben versuchte.

Als Friedrich 18 Jahre alt war, wollte er der väterlichen Knute entfliehen und mit einem Freund das Land verlassen; an der Grenze wurden sie erwischt. Der König ließ beide vor ein Kriegsgericht stellen und zum Tode verurteilen. Kurz vor der Hinrichtung wurde der Kronprinz zwar begnadigt, musste jedoch zusehen, wie sein Freund enthauptet wurde. Danach sperrte man ihn so lange in den Kerker, wie sein Vater es für angebracht hielt.

All diese Erlebnisse und Erfahrungen veränderten den jungen Friedrich sehr. Bald fügte er sich dem Willen seines Vaters und leistete eine Lehrzeit in Verwaltung, Wirtschaft und Armee ab. Schließlich heiratete er sogar die ungeliebte Prinzessin, die sein Vater für ihn ausgesucht hatte. Mit ihr lebte er auf Schloss Rheinsberg in Brandenburg, wo er sich endlich in Ruhe der Musik und Literatur und dem Studium der Philosophie widmen konnte. Hier begann er auch einen Briefwechsel mit Voltaire und schrieb ein Buch. Darin entwarf er das Bild eines pflichtbewussten und friedliebenden Herrschers, der sich bei seinem Handeln von den Gedanken der Aufklärung leiten lässt. Die Wohlfahrt des Volkes sollte Vorrang vor allem anderen haben. Den Herrscher selbst betrachtete er als »ersten Diener des Staates«.

Als Friedrich 1740 König wurde, hofften viele, nun werde ein Philosoph auf dem preußischen Thron sitzen und das Land in Frieden regie-

Der Holzstich zeigt eine dramatische Szene: Dem Soldatenkönig war fast jedes Mittel recht, um seinen Sohn nach seinem Willen zu formen. Er scheute nicht einmal davor zurück, den Degen gegen den Kronprinzen zu ziehen. Ein General hält ihn zurück.

ren. Für kurze Zeit sah es auch so aus. Gleich in den ersten Tagen schaffte Friedrich die Folter ab; ebenso das Recht des Königs, in Gerichtsverfahren einzugreifen. Er sorgte dafür, dass vor Gericht die Menschen aller Stände nach dem gleichen Recht behandelt wurden. Dann verkündete er die Glaubens- und Religionsfreiheit. »In meinem Staat kann jeder nach seiner Façon selig werden«, lautet einer seiner bekanntesten Aussprüche.

Für seine Zeit war Friedrich in der Tat ein toleranter Herrscher; unter ihm konnte sich neben dem preußischen Untertanengeist auch neues

Denken entfalten. So trat der Dichter Gotthold Ephraim Lessing in seinen Schriften und Stücken, vor allem in »Nathan der Weise«, für einen vernünftigen, toleranten und humanen Umgang aller Menschen miteinander ein. Niemand in Preußen hinderte ihn daran, am wenigsten der König.

Doch Friedrich war eben nicht nur ein Philosoph, er war auch der oberste preußische Soldat. Und als solcher nutzte er zur Überraschung aller die erste Gelegenheit, um sein Land auf Kosten der Habsburger zu vergrößern. Sie bot sich ihm, als der Habsburger Kaiser Karl VI. starb und ein Streit im Heiligen Römischen Reich ausbrach, ob Karls Tochter Maria Theresia ihm nachfolgen dürfe oder lediglich Anspruch auf die österreichische Krone habe. Die Unsicherheit, die daraus entstand, nutzte Friedrich, um in das zu Österreich gehörende Schlesien einzu-

Herrscher mit musischen Neigungen haben Künstler schon immer besonders inspiriert. Auf diesem großen Gemälde hat Adolph von Menzel ein Flötenkonzert Friedrichs des Großen dargestellt.

marschieren. Damit begannen die Schlesischen Kriege. Nach zwei Niederlagen verbündete sich Maria Theresia mit Russland und Frankreich; den darauf folgenden »Siebenjährigen Krieg« von 1756 bis 1763 konnte Preußen eigentlich nicht gewinnen. Doch gerade gegen die große Übermacht der feindlichen Bündnispartner zeigte Friedrich seine überragenden Fähigkeiten als Feldherr. Dabei konnte er sich auf die Disziplin und Schlagkraft der preußischen Armee verlassen. Und als all das nicht mehr ausreichte, der Krieg schon verloren schien, kam Friedrich das Glück – manche sprachen auch von einem Wunder – zu Hilfe: Die russische Zarin Elisabeth starb völlig unerwartet. Im Gegensatz zu ihr war ihr Nachfolger Peter III. ein großer Bewunderer Friedrichs und wechselte auf der Stelle die Fronten. Ein Jahr später wurde der Krieg mit dem »Frieden von Hubertusburg« beendet. Friedrich der Große, wie er seit damals genannt wurde, hatte die Stellung Preußens als europäische Großmacht gefestigt.

26. Europa und die »neue Welt«

Im 17. und 18. Jahrhundert wanderten zehntausende Europäer nach Amerika aus, weil sie sich in der »neuen Welt« ein besseres Leben erhofften. Die einen machten sich aus wirtschaftlichen Gründen auf die lange und gefährliche Reise; für andere waren ihre politischen Anschauungen ausschlaggebend; viele verließen ihre Heimat auch, weil sie wegen ihres Glaubens verfolgt wurden oder Nachteile hatten. Doch politisch blieben alle an ihre Heimatländer gebunden; sie waren Engländer, Franzosen, Spanier, Deutsche oder Holländer, die in Amerika lebten. Von den europäischen Herrschern wurde die Neue Welt als Teil Europas betrachtet, und jeder wollte möglichst viel davon für sein Land haben. Das galt vor allem für England und Frankreich. Zwischen ihnen kam es zum Krieg um die Vorherrschaft in Amerika, aus dem England als Sieger hervorging. Mit dem Frieden von Paris vom Jahr 1763 gehörten alle Kolonien an der Ostküste und große Teile Nordamerikas zum britischen Weltreich. Kurz nach Kriegsende beschloss die Regierung in London, die Kolonien schärfer zu kontrollieren und an der kurzen Leine zu führen. Weil der Krieg viel Geld gekostet hatte, sollten sie nun ihren Beitrag zum Abbau der Staatsschulden leisten. Das englische Parlament verabschiedete dazu neue Zoll- und Steuergesetze, die in den Kolonien heftige Proteste auslösten; die Kolonisten sprachen dem Parlament im fernen London rundweg das Recht ab, von den Kolonien Steuern zu verlangen. Sie wollten sich nicht mehr bevormunden lassen und erklärten sich am 4. Juli 1776 für unabhängig.

England schickte als Antwort auf die Unabhängigkeitserklärung immer mehr Truppen nach Amerika. Doch trotz ihrer großen Überlegenheit gelang es ihnen nicht, die Amerikaner entscheidend zu schlagen. Deren Wille und Kampfgeist, verbunden mit der klugen Kriegsführung eines George Washington, machte die zahlenmäßige Unterlegenheit wett. Als auch noch Frankreich die Kolonisten mit Soldaten, Waffen und Geld unterstützte, kapitulierte England und erkannte 1783 im Friedensvertrag von Versailles die Unabhängigkeit der »United States of America«, der Vereinigten Staaten von Amerika, an.

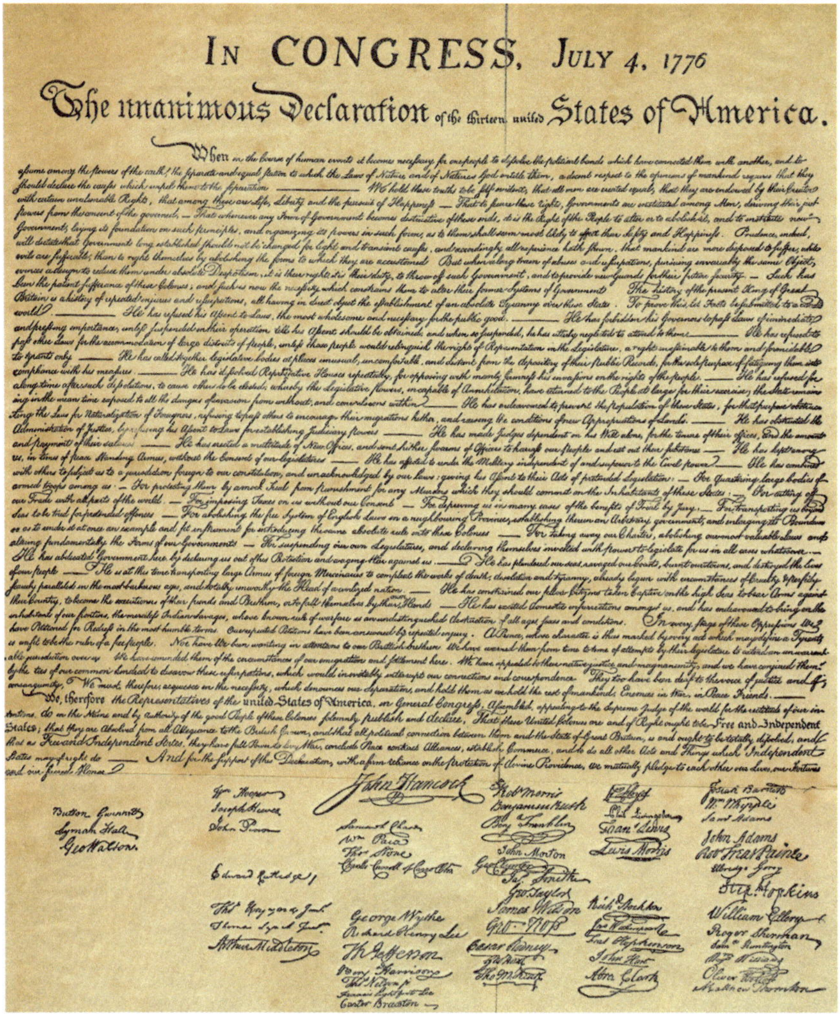

IN CONGRESS, JULY 4, 1776

The unanimous Declaration of the thirteen united States of America.

Die Unabhängigkeitserklärung der Vereinigten Staaten von Amerika vom 4. Juli 1776 markiert den Beginn einer neuen Zeit.

Nun standen die ehemaligen Kolonien vor der Aufgabe, einen funktionierenden Staat zu bilden. Das taten die »Gründungsväter«, indem sie wichtige Gedanken und Forderungen der Aufklärer zur Grundlage der amerikanischen Verfassung machten. Damit schufen sie zum ersten Mal in der Geschichte eine freiheitlich-demokratische Herrschaftsordnung, die zum Vorbild für viele Staaten wurde.

27. Freiheit, Gleichheit, Brüderlichkeit

In einigen Ländern Europas kam es gegen Ende des 18. Jahrhunderts zu Unruhen; Bürger und Bauern protestierten gegen die Obrigkeit. Am entschiedensten war dieser Protest in Frankreich. Dort gab es zwischen Adel, kirchlichen Würdenträgern – dem »Klerus« – und reichem Bürgertum einerseits und dem einfachen Volk andererseits eine riesige Kluft. Dazu beigetragen hatte das ungerechte Steuersystem, das die Reichen weitgehend von Steuern befreite und den Armen immer mehr Lasten auferlegte. Dennoch drohte wegen der hohen Kosten für das Militär und der immer noch prunkvollen Hofhaltung der Staatsbankrott. Ludwig XVI. brauchte dringend Geld und dachte, wie üblich, an Steuererhöhungen. Damit es deswegen nicht zu Aufständen kam, berief er 1789 die »Generalstände« ein. Diese Ständeversammlung hatte seit 1614 nicht mehr getagt und sollte nun den Steuererhöhungen zustimmen.

Der Klerus bildete den Ersten Stand, der Adel den Zweiten. Sie waren mit je 300 Abgeordneten in der Ständeversammlung vertreten. Bürger und Bauern bildeten den Dritten Stand und durften – nach langen Verhandlungen mit dem König – 600 Abgeordnete schicken, die 98 % der Bevölkerung vertraten. Gleich bei der ersten Sitzung wurde heiß diskutiert, ob nach Ständen oder nach Köpfen abgestimmt werden sollte. Der Dritte Stand sowie etliche niedere Geistliche und Adlige forderten die Abstimmung nach Köpfen. Der König lehnte ab und befahl, getrennt zu tagen und abzustimmen. Doch nun widersetzten sich die Abgeordneten des Dritten Standes. Sie nahmen für sich in Anspruch, die Nation zu vertreten, und erklärten sich am 17. Juni 1789 zur »Nationalversammlung«; Vertreter des Adels und vor allem des niederen Klerus schlossen sich an. Der König aber ließ Truppen vor dem Sitzungssaal in Versailles aufmarschieren. Da versammelten sich die Abgeordneten am 20. Juni im Ballhaus und schworen, nicht eher auseinanderzugehen, bis eine Verfassung ausgearbeitet sei. Ludwig unternahm noch einen letzten Versuch, indem er selbst bei den Abgeordneten erschien, ihr Verhalten für ungesetzlich erklärte und erneut die Trennung der Stände befahl.

Der Maler Jacques-Louis David stellte den Ballhausschwur rund fünfzig Jahre später in einem großen Gemälde dar. So wollte er das epochale Ereignis gesehen wissen.

»Die versammelte Nation hat keine Befehle entgegenzunehmen!«, antwortete ihm Jean Bailly, der Präsident der Nationalversammlung. Mit diesem Satz brachte er die Ablehnung des Absolutismus und die Forderung der Volkssouveränität auf den Punkt. Es war der Beginn einer Revolution.

Der verunsicherte König ließ Truppen um Paris zusammenziehen. Als sich das herumsprach, waren die Menschen empört. Sie fühlten sich wie im Belagerungszustand – belagert von Soldaten des eigenen Königs. Auf öffentlichen Plätzen hielten Männer flammende Reden und forderten das Volk auf, sich zu bewaffnen und die Stadt zu verteidigen. Am 14. Juli 1789 zogen die Massen durch die Straßen und suchten nach Waffen. Dabei kamen sie auch zur Bastille, dem berüchtigten Staatsgefängnis. Es hieß, hinter den 30 Meter hohen Mauern seien früher Gefangene zu Tode gefoltert worden. Beim Volk war die Bastille als Symbol der Willkürherrschaft, des »Despotismus«, verhasst. Nun wurde sie gestürmt, etwa hundert Aufständische starben dabei. Die Gefangenen wurden befreit, der Kommandant und seine Leute erschlagen. Anschließend zog die wütende Menge mit den aufgespießten Köpfen durch die Stadt.

Die Erstürmung der Bastille war eigentlich ein Fehlschlag, denn es wurden nur sieben gewöhnliche Kriminelle befreit und kaum Waffen erbeutet. Doch psychologisch und politisch war sie von allergrößter Bedeutung: Die Menschen hatten es geschafft, das Symbol des Despotismus zu bezwingen. Das stärkte ihr Selbstbewusstsein und war ein wichtiger Schritt zu einer neuen Ordnung, in der das Volk die Herrschaft ausüben sollte. Deswegen ist der 14. Juli bis heute Nationalfeiertag in Frankreich.

Für die Franzosen ist die Erstürmung der Bastille bis heute das wichtigste Ereignis ihrer großen Revolution.

Der revolutionäre Funke sprang auch schnell auf die Landbevölkerung über. Bauern erhoben sich gegen ihre Peiniger, plünderten, verwüsteten oder zerstörten Schlösser und Klöster und verbrannten Dokumente, in denen ihre Pflichten verzeichnet waren. Die Nationalversammlung reagierte schnell und beschloss in einer stürmischen Nachtsitzung vom 4. auf den 5. August die Aufhebung der Leibeigenschaft und aller Privilegien für Adlige und Geistliche. Steuerlich und rechtlich sollten in Zukunft alle Franzosen gleich sein. Drei Wochen später, am 26. August, wurden die Menschen- und Bürgerrechte verkündet:

»1. Die Menschen werden frei und gleich an Rechten geboren und bleiben es.
2. Das Ziel jeder staatlichen Vereinigung ist die Bewahrung der natürlichen und unantastbaren Rechte der Menschen. Dies sind Freiheit, Eigentum, Sicherheit und Widerstand gegen Unterdrückung.
3. Der Ursprung jeder Herrschaft liegt seinem Wesen nach beim Volk.
4. Die Freiheit besteht darin, alles tun zu können, was einem anderen nicht schadet.
5. Das Gesetz darf nur Handlungen verfolgen, die schädlich für die Gesellschaft sind. Was nicht gesetzlich verboten ist, darf nicht behindert, was nicht gesetzlich geboten ist, nicht erzwungen werden.«

Damit war das alte politische System, das »Ancien Régime«, abgeschafft. Die gesamte europäische Geisteswelt blickte neidvoll nach Frankreich. Dort arbeitete die Nationalversammlung dann eine Verfassung aus, die Frankreich zu einer konstitutionellen Monarchie machte. Das hieß, der König blieb zwar Staatsoberhaupt und Chef der Exekutive, er hatte aber nur noch wenig politische Macht. Die lag bei der Nationalversammlung, die das Prinzip der Volkssouveränität verkörperte. Unabhängige Gerichte sicherten endgültig die Gewaltenteilung.

Noch nicht demokratisch nach unserem heutigen Verständnis war das Wahlrecht. Es richtete sich nach Besitz und Einkommen. Bei einer Gesamtbevölkerung von etwa 25 Millionen durften nur vier Millionen Männer wählen. Dennoch machte die Verfassung von 1791 Frankreich zum ersten demokratisch legitimierten Nationalstaat in Europa; sie wurde zum Vorbild aller bürgerlichen Verfassungen bis ins 20. Jahrhundert.

Ludwig XVI. wollte unter diesen Umständen nicht länger König sein. Er versuchte, mit seiner Familie nach Österreich zu fliehen. Nahe der Grenze aber wurden sie erkannt, von Soldaten nach Paris zurückgebracht und streng bewacht. Die politischen Folgen dieses dilettantischen Fluchtversuchs waren verheerend. Hatte bis dahin niemand ernsthaft an die Abschaffung der Monarchie gedacht, so entstand nun eine radikale Bewegung, die den König absetzen, die Revolution weiterführen und eine Republik errichten wollte. Die europäischen Fürsten beobachteten diese Entwicklung mit großer Sorge, weil sie fürchteten, die revolutionären Ideen könnten sich ausbreiten und auf ihre eigenen Länder übergreifen. Sie erklärten sich mit Ludwig solidarisch und boten ihm militärische Hilfe an. Von 1792 an kämpften sie in wechselnden Koalitionen gegen das revolutionäre Frankreich und drohten, Paris zu zerstören, falls der königlichen Familie ein Leid geschehe. Die Gefahr einer schmachvollen Niederlage, dazu eine Lebensmittelknappheit und drastische Preiserhöhungen führten zu neuen Unruhen in Paris. Der König wurde als Hauptschuldiger verhaftet, mehrere tausend »Revolutionsfeinde« wurden umgebracht. Am 21. September 1792 trat eine neue Volksvertretung, der sogenannte Nationalkonvent, zusammen und proklamierte gleich in der ersten Sitzung die Republik. Ludwig XVI. wurde des Hochverrats angeklagt und am 21. Januar 1793 öffentlich hingerichtet.

In solchen Umbruchzeiten, wenn die alte Ordnung stürzt und die neue noch nicht etabliert ist, gibt es in der Regel zwei Gruppierungen: die gemäßigten Kräfte, die die Verhältnisse Schritt für Schritt verändern und das Neue gleichsam aus dem Alten wachsen lassen wollen, die Reformer; und die Revolutionäre, die die schnelle und radikale Umgestaltung der Verhältnisse anstreben.

Mit der Hinrichtung des Königs und der Ausrufung der Republik hatten die Anhänger einer konstitutionellen Monarchie bereits verloren. Aber auch bei den Republikanern gab es gemäßigte und radikale Kräfte. Die beiden wichtigsten Gruppen nannten sich »Girondisten« und »Jakobiner«. Aus den Revolutionswirren mit vielen gewaltsamen Auseinandersetzungen gingen schließlich die radikalen Jakobiner als Sieger hervor. Einer ihrer Führer, der Rechtsanwalt Robespierre (1758–1794), wurde als Vorsitzender des »Wohlfahrtsausschusses« verantwortlich für die Innenpolitik. In endlos langen Reden sprach er von Tugend, Güte und Gerechtigkeit und wollte Frankreich zu einer tugendhaften, wahren Republik machen. Wer allerdings seinen Vorstellungen von einem tugendhaften Bürger nicht entsprach, der war ein Feind der Revolution und Frankreichs und musste getötet werden. Robespierres »Tugendstaat« hatte große Ähnlichkeit mit modernen »totalitären« Diktaturen, in denen alle Bereiche des menschlichen Lebens überwacht werden. Man schätzt, dass während seiner Schreckensherrschaft in Frankreich 35 000 bis 40 000 Bürger durch das Fallbeil, die Guillotine, starben. Robespierres Wahn führte dazu, dass er die Tugend am Ende nur noch in seiner eigenen Person verkörpert sah; selbst Freunde und Weggefährten, so der beinahe ebenso bekannte Danton, genügten seinen Ansprüchen nicht mehr und endeten unter der Guillotine. Als die Mitglieder des Wohlfahrtsausschusses begriffen, dass keiner seines Lebens mehr sicher war, klagten sie Robespierre im Nationalkonvent an. Am 28. Juli 1794 wurde er unter dem Jubel der Zuschauer enthauptet.

Maximilien de Robespierre (1758–1794)

In den folgenden Monaten gewann das wohlhabende Bürgertum wieder mehr politischen Einfluss. Eine neue Verfassung wurde ausgearbeitet, die an die Anfänge der Revolution anknüpfte. Ein »Direktorium« von fünf Männern übernahm die Regierungsgeschäfte. Aber es gelang ihnen nicht, dem Land Frieden und Ruhe zu verschaffen; immer wieder kam es zu Aufständen, und immer noch führte Frankreich Kriege gegen die Gegner der Revolution, so gegen Österreich, Preußen, England und die Niederlande. Im Verlauf dieser Kriege wurde ein erfolgreicher junger General populär: Napoleon Bonaparte (1779–1821). Als die Versorgung der Menschen immer schwieriger wurde und die Lage im Land immer kritischer, stürzte Napoleon am 9. November 1799 das Direktorium, jagte das Parlament mit Waffengewalt auseinander

»Hier ruht ganz Frankreich« lautet die Grabinschrift auf diesem satirischen Flugblatt von 1793. Es zeigt Robespierre, wie er als letzter Überlebender der Revolution den Henker unter die Guillotine legt.

und übernahm als »Erster Konsul« die Macht im Staat. Wenig später erklärte er: »Die Revolution ist beendet.«

Nach zehn turbulenten und schweren Revolutionsjahren war die Sehnsucht nach Ruhe und Ordnung im französischen Volk so groß, dass die Mehrheit eine starke Führung akzeptierte. So konnte Napoleon als »Erster Konsul« wie ein Monarch regieren, auch wenn Frankreich noch immer eine Republik war. 1802 wurde er sogar »Konsul auf Lebenszeit«. Doch auch das genügte dem ehrgeizigen Aufsteiger noch nicht, er wollte Kaiser werden. Also änderte er die Verfassung und setzte sich am 2. Dezember 1804 selbst die Kaiserkrone auf. Damit war die Revolution wirklich beendet. Aber ihr Wahlspruch »Freiheit, Gleichheit, Brüderlichkeit« und die in Europa erstmals formulierten Menschen- und Bürgerrechte wirkten fort.

28. Europa unter Napoleon

Die Französische Revolution endete – wenn man so will – mit der Kaiserkrönung Napoleons. Dass Frankreich damit einen neuen Herrscher hatte, der weit mächtiger war als der König, dessen Herrschaft die Revolution beendet hatte, ist eine große Ironie der Geschichte. Napoleon selbst aber war damit immer noch nicht zufrieden. Von den nicht wenigen Machtmenschen, die die europäische Geschichte gesehen hat, war er einer der größten. Nachdem er die Macht in Frankreich erobert hatte, brach er auf zu einem Eroberungszug durch ganz Europa und sogar über dessen Grenzen hinaus. Nichts und niemand schien ihn und sein gewaltiges Heer aufhalten zu können. Schon 1806 schlug er die preußische Armee vernichtend und beendete damit die tausendjährige Geschichte des »Heiligen Römischen Reiches Deutscher Nation«. Die Preußen-Königin Luise schrieb über ihn: »Er meint es nicht redlich mit der guten Sache und mit den Menschen. Er und sein ungemessener Ehrgeiz meint nur sich selbst und sein persönliches Interesse. Man muss ihn mehr bewundern, als man ihn lieben kann. Er ist von seinem Glück geblendet, und er meint alles zu vermögen. Dabei ist er ohne Mäßigung, und wer nicht Maß halten kann, verliert das Gleichgewicht und fällt.«

Napoleon als Kaiser im Krönungsornat erinnert nicht zufällig an ein berühmtes Bild Ludwigs XIV.

Und die preußische Königin sollte recht behalten. Wie noch alle maßlosen Eroberer, so erlebte auch Napoleon sein Waterloo – eine Redensart, die bis heute an seine endgültige Niederlage erinnert.

Zum Anfang von Napoleons Ende wurde der Russlandfeldzug im Jahr 1812. Dafür stellte er mit mehr als 600 000

Mann die stärkste Armee der Geschichte zusammen, und alle Welt glaubte mit ihm an einen schnellen Sieg. Aber es kam anders: Die russische Armee wich jeder Schlacht aus und zog sich immer weiter ins Landesinnere zurück. Im September marschierte Napoleons »Große Armee« in das beinahe menschenleere Moskau ein. Wenige Tage später legten russische Soldaten Feuer, und bald brannte die ganze Stadt.

Napoleon wusste, dass ein russischer Winter ohne ausreichende Unterkünfte und Vorräte für sein Heer nicht zu überstehen war. Er schickte ein Waffenstillstandsangebot an den Zaren – und erhielt keine Antwort. So blieb ihm keine andere Wahl als der Rückzug. Der wurde zur Katastrophe für die »Große Armee«. Jeden Tag starben tausende Soldaten vor Hunger, Erschöpfung und durch die nun einsetzenden russischen Angriffe. Nur 5000 von ihnen schafften es bis nach Hause.

Der als unbesiegbar geltende Napoleon war besiegt worden, das ermutigte seine Feinde, sich gegen ihn zu verbünden. Preußen, Österreich, Russland, England und Schweden erklärten Frankreich den Krieg. Vom 16. bis 19. Oktober 1813 kam es zu der berühmten »Völkerschlacht« bei Leipzig. Napoleon konnte mit seiner neu aufgestellten Armee der Koalition nicht standhalten und erlitt die zweite schwere Niederlage. Im Frühjahr 1814 zogen die Verbündeten in Paris ein, Napoleon musste abdanken und wurde auf die Insel Elba verbannt. Ein Jahr später schaffte er es noch einmal, nach Paris zu kommen, den neuen König zu stürzen und die Macht zu übernehmen. Wieder stellte er eine Armee auf, wurde jedoch von preußischen und englischen Truppen im Juni 1815 bei Waterloo (!) endgültig geschlagen. Als Gefangener der englischen Regierung starb Napoleon am 5. Mai 1821 auf der kleinen Atlantikinsel St. Helena.

Die Herrschaft Napoleons hatte nur zehn Jahre gedauert, dann war sein Großreich wie ein Kartenhaus zusammengestürzt. Was ihn überdauerte, waren nicht seine Eroberungen als Feldherr, sondern die Neuerungen, die er als Regierungschef veranlasst hatte. Dazu zählte vor allem der »Code civil«, das »Bürgerliche Gesetzbuch« von 1804, mit dem wichtige Forderungen der Revolution verwirklicht wurden: einheitliches Recht für alle Franzosen; Gleichheit aller Bürger vor dem Gesetz; persönliche Freiheit; Beseitigung des Ständesystems; Zugang zu öffentlichen Ämtern nach Leistung, nicht nach Geburt; Gewerbefreiheit; freie Berufswahl; Recht auf Eigentum; Religionsfreiheit und Einführung der Zivilehe. Der »Code civil« wurde zum Vorbild für die bürgerlichen Gesetzbücher in Europa und überall auf der Welt.

Auch eine Verwaltungsreform brachte Napoleon viel Anerkennung. Frankreich wurde in 98 Departements eingeteilt, die jedoch nicht selbständig waren, sondern Weisungen aus Paris erhielten. Zentral gesteuert wurde auch der Ausbau eines staatlich kontrollierten Schulwesens mit einheitlichen Lehr- und Stundenplänen für das ganze Land. Bis heute

Anfangs schien Napoleon mit seiner Armee die Schlacht von Waterloo gewinnen zu können. Da soll der englische Heerführer Wellington den berühmten Satz gesagt haben: »Ich wollte, es würde Nacht oder die Preußen kämen.« Zu seiner und Napoleons Überraschung kamen die Preußen tatsächlich, und gemeinsam mit den Engländern besiegten sie die Franzosen.

sitzen alle französischen Schüler in allen Landesteilen vor den gleichen Abituraufgaben.

Auch in Deutschland ließ Napoleon nach seinen militärischen Erfolgen Reformen einleiten. So wurden die geistlichen Herrschaftsgebiete säkularisiert, das heißt an weltliche Fürsten übergeben; 112 Reichsbistümer verschwanden von der politischen Landkarte. Außerdem verloren 350 Reichsritterschaften und viele Reichsstädte ihre Unabhängigkeit und wurden den Landesfürsten unterstellt. Die Zeit des in Hunderte von kleinen und kleinsten Herrschaftsgebiete zerstückelten Reiches war zu Ende; stattdessen gab es gestärkte und lebensfähige Mittelstaaten. Hauptgewinner dieser »politischen Flurbereinigung« waren Baden, Württemberg und Bayern, die deutlich größer wurden. Das Zusammenleben ihrer Bürger wurde entsprechend den neuen französischen Gesetzen organisiert und geregelt. Das bedeutete einen großen Fortschritt, wenngleich die Bürger von der politischen Mitbestimmung ausgeschlossen blieben, denn ein vom Volk gewähltes Parlament gab es noch nicht.

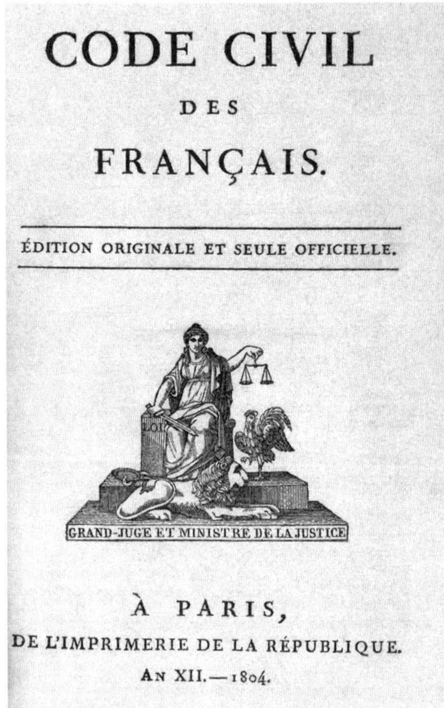
CODE CIVIL

DES

FRANÇAIS.

ÉDITION ORIGINALE ET SEULE OFFICIELLE.

À PARIS,

DE L'IMPRIMERIE DE LA RÉPUBLIQUE.

AN XII. — 1804.

Der *Code civil* wurde auf Veranlassung Napoleons I. erarbeitet und 1807 in *Code Napoléon* umbenannt. Er wurde oft geändert, ist jedoch bis heute gültig.

Selbst Preußen und Österreich blieben von den französischen Ideen nicht verschont und gerieten in Zugzwang. »Wir müssen reformieren, um nicht zu revolutionieren, zu jenem helfe, vor diesem schütze Gott«, beschrieb ein preußischer Beamter die Lage. Die Freiherren vom Stein und von Hardenberg machten sich an die Arbeit und orientierten sich bei ihren Reformen weitgehend an Frankreich. Nach den Vorstellungen Wilhelm von Humboldts modernisierte man das Schul- und Hochschulwesen. Noch heute bescheinigt man den deutschen Universitäten Humboldtschen Geist. Die Reformen insgesamt sollten aus den preußischen Untertanen selbständig denkende Bürger machen, die verantwortungsbewusst im Staat mitarbeiten konnten – irgendwann sogar in einer Volksvertretung, die dem König gleichberechtigt gegenüberstehen sollte.

Napoleon war ein ebenso bewunderter wie gefürchteter Eroberer und zugleich ein großer Veränderer. Doch auch hier liegt in seinem Wirken eine gewisse Ironie: In den von Frankreich besetzten Ländern kam es durch ihn zu Veränderungen, die er so nicht beabsichtigt hatte. Überall regte sich Widerstand – je deutlicher wurde, dass Napoleon vor allem an Geld und Soldaten für seine Kriege interessiert war, desto mehr. Vor allem in Deutschland war im Widerstand gegen Napoleon eine nationale Bewegung entstanden. Hatten sich die Dichter und Denker des Landes schon länger als Angehörige einer »Kulturnation« verstanden, so wollte man jetzt auch eine »Staatsnation« werden. Der Philosoph Johann Gottlieb Fichte forderte seine Landsleute in den »Reden an die deutsche Nation« auf, sich »Charakter anzuschaffen« und wieder Deutsche zu sein. »Lassen wir nur nicht mit unserm Körper zugleich auch unsern Geist niedergebeugt und unterworfen und in die Gefangenschaft gebracht werden.«

Tatsächlich hatte der Wunsch, die je unverwechselbaren nationalen Eigenheiten zu bewahren, zu den »Befreiungskriegen« und zum Ende der französischen Vorherrschaft in Europa geführt. Was die Deutschen angeht, so hat ihr gesteigertes und oft übersteigertes Nationalbewusstsein hier einen seiner Ursprünge.

29. Europa kommt nicht zur Ruhe

Viele Menschen hatten ihr Leben dafür gelassen, Europa von Napoleon zu befreien. Nun hofften die Völker auf bessere Zeiten und mehr politische Rechte für die Bürger. Aber genau das wollten die Herrschenden verhindern. Vom Herbst 1814 bis zum Sommer 1815 trafen sie sich zum »Wiener Kongress«, um Europa neu zu ordnen – und dabei möglichst viel beim Alten zu lassen. Unter Führung des österreichischen Kanzlers Fürst Metternich versuchten sie, die Zustände von vor 1789 wiederherzustellen. Sollten sie allerdings wirklich geglaubt haben, sie könnten die Uhren zurückdrehen, dann haben sie sich getäuscht. In Europa blieb es unruhig. Und unruhig wurde es auch an der Schnittstelle zu Kleinasien.

Dort hatten seit dem 13. Jahrhundert türkische Völker das Byzantinische Reich nach und nach erobert und ihr Osmanisches Reich (benannt nach Osman I.) errichtet. Es war für mehrere Jahrhunderte die entscheidende Macht in Kleinasien und auf dem Balkan. Von den Völkern, die seit dem 14. Jahrhundert von den Türken besiegt und ins Osmanische Reich eingegliedert worden waren, wehrten sich die Serben am heftigsten. Nach mehreren vergeblichen Versuchen führte ein von Russland unterstützter Aufstand im Jahre 1812 zur Anerkennung der serbischen Autonomie. Doch dann zog sich Russland aus Angst vor Komplikationen mit den europäischen Großmächten zurück und überließ die Serben ihrem Schicksal. Deren Anführer Karadjordje floh nach Österreich. Die Türken schlugen zurück und besetzten Serbien erneut. Die Serben sammelten

Milos Obrenovic, Fürst von Serbien von 1817 bis 1839 und von 1858 bis 1860

ihre Kräfte unter Milos Obrenovic und erkämpften sich von 1815 bis 1817 endgültig ihre Freiheit. Als Karadjordje aus dem Exil zurückkehrte, ließ Obrenovic ihn ermorden und sich zum Fürsten von Serbien wählen. Das begründete die Feindschaft zweier Clans, die einander für immer Blutrache schworen. Von nun an spielte sich die Geschichte Serbiens im Spannungsfeld der großen Politik *und* der Machenschaften dieser beiden Clans ab. Von den neun serbischen Herrschern zwischen 1817 und 1941 wurden vier ermordet und vier aus dem Land gejagt.

Wie die Serben, so waren auch die Griechen nicht mehr bereit, unter türkischer Herrschaft zu leben. 1821 wagten sie den Aufstand, den die Türken grausam niederschlugen. Dagegen wurden Stimmen in allen Kulturstaaten der Welt laut, die eine Sympathiewelle für das »Mutterland Europas« auslösten. Frankreich, Großbritannien und Russland unterstützten die Griechen und vernichteten die osmanische Flotte 1827 in der Seeschlacht bei Navarino. Trotzdem dauerte es noch drei Jahre, bis die Unabhängigkeit Griechenlands im sogenannten Londoner Protokoll von 1830 festgeschrieben wurde. Doch damit kehrte in Griechenland keineswegs Ruhe ein; es folgten harte innenpolitische Auseinandersetzungen, bei denen der erste Regent schon nach einem Jahr ermordet wurde. Danach mischten sich die Großmächte wieder ein, und der 17-jährige Prinz Otto von Bayern wurde als Otto I. König von Griechenland. Er fand keinen Rückhalt in der Bevölkerung, weil seine absolutistische Herrschaft zu den Idealen der griechischen Freiheitskämpfer in krassem Gegensatz stand. Nach einer Militärrevolte wurde er von einem dänischen Prinzen abgelöst. Der führte als Georg I. 1864 die parlamentarische Monarchie mit eingeschränkten Kompetenzen des Monarchen ein und trieb die Modernisierung Griechenlands wesentlich voran.

Weit entfernt vom Balkan rebellierten die Menschen im südlichen und katholisch gebliebenen Teil der Niederlande. Ermuntert durch die Französische Revolution wollten sie sich von der jahrhundertelangen Herrschaft der Habsburger befreien und gründeten 1790 den »Souveränen Kongress der Vereinigten belgischen Staaten«. Doch die Freiheit währte nur kurz; 1792 wurde das Land von französischen Truppen besetzt und

Otto I. aus Bayern, der von 1832 bis 1862 König von Griechenland war, in griechischer Nationaltracht

später annektiert. Das gleiche Schicksal ereilte auch die unabhängige Republik der Niederlande. Auf dem Wiener Kongress beschlossen die europäischen Großmächte dann, den katholischen Süden mit dem protestantischen Norden und dem Großherzogtum Luxemburg zum »Königreich der Vereinigten Niederlande« zu machen. König wurde der Protestant Wilhelm I. Ihn und die Bevormundung durch den protestantischen Norden wollten jedoch die Belgier nicht akzeptieren; ihr Widerstandswille wuchs. Als sie 1830 vom Aufstand in Frankreich hörten, der zum Sturz der französischen Regierung führte, fühlten sich die Belgier ermutigt und wagten den »Brüsseler Aufstand«. Am 18. November 1830 proklamierte ein Nationalkongress die Unabhängigkeit Belgiens und erließ eine liberal-parlamentarisch geprägte Verfassung für die konstitutionelle Monarchie. Auf der Londoner Konferenz 1831 erkannten die europäischen Großmächte den neuen Staat an und garantierten seine Neutralität.

Das Großherzogtum Luxemburg gehörte weiter zu den Niederlanden, trat jedoch 1842 dem »Deutschen Zollverein« bei. Diese Annäherung an Deutschland passte der niederländischen Regierung nicht, und sie versuchte, das Großherzogtum an Frankreich zu verkaufen, was die »Luxemburgkrise« auslöste, die 1867 mit der Unabhängigkeit und Neutralität Luxemburgs beigelegt wurde.

Wilhelm I. war von 1815 bis 1840 König der Niederlande. Das Bild zeigt ihn als 16-jährigen Prinzen von Oranien.

30. Die Industrielle Revolution

Die großen Hoffnungen, die viele Menschen in allen Teilen Europas aus der Französischen Revolution geschöpft hatten, waren wie Seifenblasen zerplatzt. Wie eh und je regierten die Fürsten, und das Volk hatte zu gehorchen. Viele resignierten, andere kämpften weiter. 1848 entlud sich die Unzufriedenheit der Menschen schließlich in einer erneuten Revolution. Von Frankreich ausgehend verbreitete sie sich rasch in Europa. Überall verlangten die Menschen mehr politische Mitsprache; ein paar Monate hatte es sogar den Anschein, als würden die Fürsten diesmal nachgeben. Doch sie wollten nur Zeit gewinnen und frische Kräfte sammeln, um ihre Interessen einmal mehr mit militärischer Gewalt durchzusetzen. In Paris, in Wien, in Berlin – überall wurden die Aufstände niedergeschlagen.

Veränderungen im politischen Bereich konnten die Herrscher Europas noch für eine Weile blockieren oder wenigstens verzögern, doch das Wirtschaftsleben veränderte sich unaufhaltsam. Was in der zweiten Hälfte des 18. Jahrhunderts in England begonnen hatte, war die gründlichste Umwälzung menschlicher Lebensverhältnisse seit dem Beginn des Ackerbaus und der Sesshaftwerdung. Wir sprechen deshalb von der »Industriellen Revolution«.

England war als die erste See- und Kolonialmacht der Welt reich geworden. Sein Reichtum und das seit der »Glorious Revolution« stetig gewachsene Selbstbewusstsein eines aufgeklärten Bürgertums machten das Land auch zu einer Geistesmacht. Für den Prozess der Industrialisierung war dabei der Aufschwung der Naturwissenschaften entscheidend. Dank der neuen Erkenntnisse gelang es mehr und mehr, die Kräfte der Natur nicht nur zu verstehen, sondern auch technisch nutzbar zu machen. Ein Beispiel dafür und eine bahnbrechende Erfindung war die erste brauchbare Dampfmaschine, die James Watt 1789 konstruierte. Diese Maschine erleichterte die menschliche Arbeit nicht nur, sie vermochte sie in manchen Bereichen sogar ganz zu ersetzen. Der Bergbau und das Hüttenwesen, die Produktion von Eisen und Stahl, wurden revolutioniert. Als Nächstes profitierte das Textilgewerbe von der neuen Technik: Dampfgetriebene Spinnmaschinen und Webstühle wurden erfunden, die Verarbeitung von Baumwolle wurde erleichtert und beschleunigt, die Produktion von Textilien stieg sprunghaft an. Neue und größere Fabriken wurden gebaut, und bald brauchte man so viele Maschinen, dass auch die nicht mehr in Handwerksbetrieben, sondern in Fabriken hergestellt wurden. Immer mehr Eisen und Stahl war dazu nötig, vor allem aber mussten die Transportmöglichkeiten verbessert werden, um Rohstoffe und Waren möglichst schnell und preiswert an jeden gewünschten Ort zu bringen.

Das Dampfschiff und die Dampflokomotive waren die Antworten der Ingenieure auf die Transportfrage. 1821 wurde die erste Eisenbahnlinie zwischen zwei englischen Städten eröffnet; durch den Ausbau des Schienennetzes wurde die Industrie weiter angekurbelt. Das Zeitalter der Massenproduktion begann; England machte sich auf den Weg, der erste Industriestaat der Welt zu werden.

So wichtig Erfindungen für die Industrialisierung auch waren, was sie vor allem brauchte, waren mehr und neue Arbeitskräfte. Die kamen massenweise vom Land, weil sich von der Landwirtschaft allein bald nicht mehr leben ließ. Viele kleine Bauern mussten ihre Höfe verkaufen und wie Knechte und Mägde in die Städte ziehen. Die »Landflucht« wiederum führte zum raschen Wachstum der Städte. Zwischen 1760 und 1830 wuchs zum Beispiel Manchester von 17 000 auf 180 000 Einwohner und wurde zu einer der ersten typischen Industriestädte – mit vielen neuen Problemen: Die Menschen vom Land hatten bisher in einem »natürlichen Rhythmus« gelebt und gearbeitet. Nun wurde daraus ein »künstlicher Rhythmus«, den die Fabrik und die Maschinen bestimmten. Daran konnten sich viele nur schwer oder gar nicht gewöhnen, was Arbeitslosigkeit und soziales Elend zur Folge hatte. Die Arbeiter und ihre Familien mussten in primitiven Massenquartieren mit unzureichenden sanitären Einrichtungen hausen; Krankheiten und Seuchen waren die Folge. Luft und Wasser waren stark verschmutzt, weil die Schlote ohne jegliche Schutzmaßnahmen rauchten.

Hier werden Schienen für die Eisenbahnlinie zwischen Manchester und Liverpool gelegt. Im Hintergrund wartet schon die erste fahrbereite Lokomotive.

Die theoretische Grundlage für die neue Wirtschaftsform lieferte der schottische Nationalökonom Adam Smith (1723–1790). Sein Hauptwerk »Der Reichtum der Nationen« wurde zur »Bibel« des nur am Gewinnstreben orientierten Wirtschaftens. Darin lehrte Smith unter anderem, dass die menschliche Arbeitskraft Quelle des wirtschaftlichen Fortschritts und des Reichtums einer Gesellschaft sei. Um sie optimal zu nutzen, müssten die Produktionsvorgänge in möglichst kleine Einheiten zerlegt und die Menschen zu Spezialisten werden. Auf dem Markt würden Angebot und Nachfrage dann darüber entscheiden, was die Waren kosten und in welcher Menge sie produziert werden sollten. Der Staat dürfe in diese Prozesse nicht eingreifen, weil er sonst »das freie Spiel der ökonomischen Kräfte« stören würde. Nur wenn sich alle »Mitspieler« frei entfalten könnten und dabei nach möglichst viel Eigennutz strebten, würde das zwangsläufig zur Hebung des allgemeinen Wohlstandes führen. Smith unterstellte also eine Harmonie zwischen Privatinteressen und Gemeinwohl. Doch davon spürten die sozial Schwachen nichts. Seine Lehre des »Wirtschaftsliberalismus« entsprach vor allem den Interessen der Fabrikanten und Kaufleute.

Obwohl sich die negativen Auswirkungen der Industrialisierung schon früh zeigten, wurde England zum großen Vorbild für andere Nationen. Bald machten die sich daran, dem englischen Beispiel zu folgen. Die Industrielle Revolution erfasste nach und nach ganz Europa bis zu den Rändern.

31. Die »Soziale Frage«

Friedrich Engels war der wohlhabende Sohn eines deutschen Fabrikanten. In den frühen vierziger Jahren des 19. Jahrhunderts besuchte er England; was er in den englischen Industriestädten sah, schockierte ihn. In seinem 1845 erschienenen Buch »Die Lage der arbeitenden Klasse in England« berichtete er darüber: von Löhnen, die zum Sterben zu hoch und zum Leben zu niedrig waren, von Frauen- und Kinderarbeit, von langen Arbeitszeiten und Wohnungsnot, vom völligen Verlust alter sozialer Bindungen, von fehlender Absicherung bei Krankheit, Unfall und Alter, von massenhaft arbeitsuchenden Menschen. Er kam zu dem Schluss, dass die Industrialisierung zwei Klassen hervorgebracht habe, die sich unversöhnlich gegenüberständen: die »besitzende Klasse« der wohlhabenden Bürger, die »Bourgeoisie«, und die »arbeitende Klasse« der lohnabhängigen Arbeiter, das »Proletariat«. Zwischen diesen beiden Klassen werde, ja müsse es früher oder später zum Kampf, ja zum Krieg kommen. »Es ist zu spät zur friedlichen Lösung. Die Klassen sondern sich schroffer und schroffer, der Geist des Widerstandes durchdringt die Arbeiter mehr und mehr, die Erbitterung steigt, die einzelnen Guerillascharmützel konzentrieren sich zu bedeutenden Gefechten und Demonstrationen, und ein kleiner Anstoß wird bald hinreichen, um die Lawine in Bewegung zu setzen. Dann wird allerdings der Schlachtruf durch das Land schallen: ›Krieg den Palästen, Friede den Hütten!‹ – dann wird es aber zu spät sein, als dass sich die Reichen noch in acht nehmen könnten.«

Engels' Buch endet mit der düsteren Prophezeiung von gewaltigen Klassenkämpfen. Tatsächlich aber kam es nur zu vereinzelten, für die Besitzenden kaum gefährlichen »Scharmützeln«. Mal stürmten wütende Arbeiter eine Fabrik und schlugen die Maschinen kaputt, mal zogen sie vor eine Fabrikantenvilla und verlangten mehr Lohn. Solche Aktionen waren leicht niederzuschlagen. Dennoch war die »Soziale Frage«, einmal gestellt, nicht auf Dauer mit Waffen zu lösen; sie verlangte andere, bessere Antworten. Viele glaubten, die Verhältnisse könnten und müssten radikal verändert werden. In Paris, Brüssel und London bildeten Emigranten aus verschiedenen europäischen Ländern revolutionäre Geheimbünde, unter anderem den »Bund der Gerechten«, dem auch Friedrich Engels und sein Freund Karl Marx (1818–1883) angehörten. 1847 wurde daraus der »Bund der Kommunisten«; die beiden Deutschen erhielten den Auftrag, ein politisches Programm zu verfassen. Das im Februar 1848 veröffentlichte »Manifest der Kommunistischen Partei« wurde zu einem bedeutenden geschichtlichen Dokument. Für die einen war es die Heilslehre, für andere eine Teufelsbotschaft; ihre Verfasser wurden als Erlöser gefeiert oder als Verderber der Menschheit beschimpft.

Karl Marx (1818–1883)

»Die Geschichte aller bisherigen Gesellschaft ist die Geschichte von Klassenkämpfen. Freier und Sklave, Patrizier und Plebejer, Baron und Leibeigener, Zunftbürger und Gesell, kurz, Unterdrücker und Unterdrückte standen in stetem Gegensatz zueinander, führten einen ununterbrochenen Kampf, der jedes Mal mit einer revolutionären Umgestaltung der ganzen Gesellschaft endete oder mit dem gemeinsamen Untergang der kämpfenden Klassen« – so heißt es zu Beginn des »Kommunistischen Manifests«. Nun stehen sich laut Marx und Engels die Bourgeoisie und das Proletariat gegenüber. Die Bourgeoisie habe eine wichtige historische Rolle gespielt und bei der Überwindung des Feudalismus Großes geleistet. Sie habe »in ihrer kaum hundertjährigen Klassenherrschaft« mehr Produktives geschaffen als alle vorangegangenen Generationen zusammen. Aber in der modernen Industrie werde der Arbeiter »ein bloßes Zubehör der Maschine, von dem nur der einfachste, eintönigste, am leichtesten erlernbare Handgriff verlangt wird«. So zum »Ding« degradiert, verrichte der Mensch keine sinnvolle, ihn befriedigende Arbeit und werde sich selbst fremd. Zweck der Warenproduktion sei nicht die Bedarfsdeckung der Menschen, sondern das Erzie-

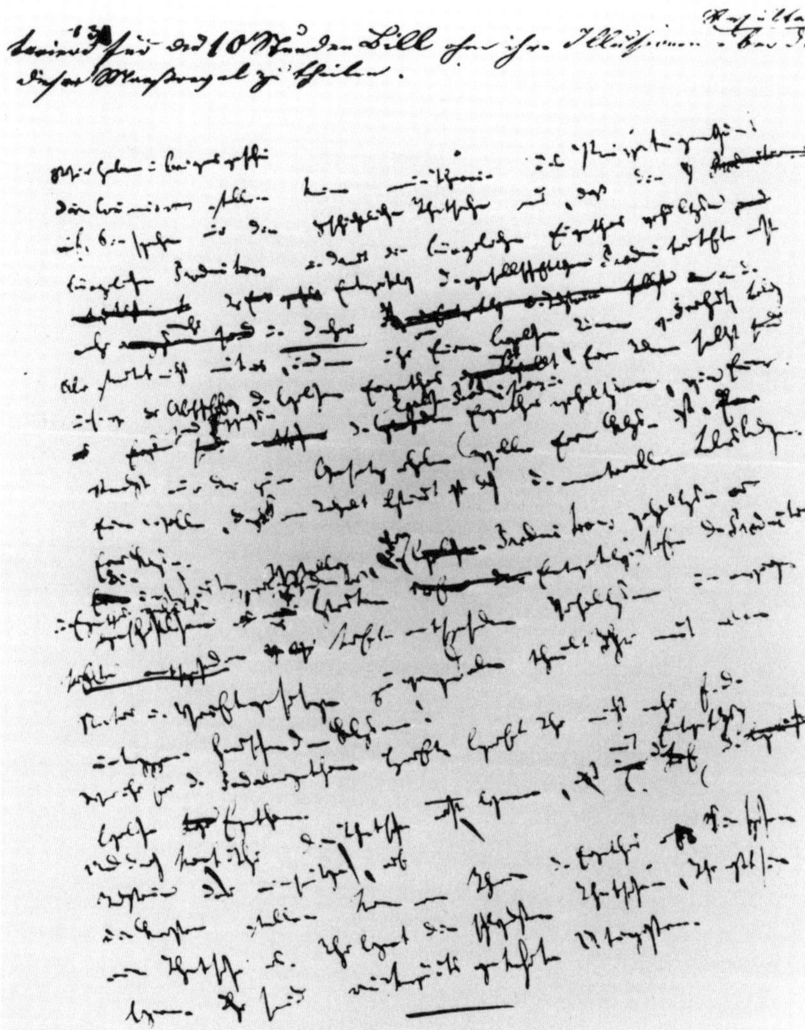

Manuskriptseite aus dem ersten Entwurf zum »Manifest der Kommunistischen Partei« von Karl Marx und Friedrich Engels

len eines möglichst hohen Profits. Deshalb müssten die Kosten, also auch die Löhne, möglichst niedrig sein; die logische Folge sei die »Verelendung des Proletariats«. Dadurch wiederum fehle Kaufkraft und es komme zu »Überproduktionskrisen«. Um diese »Epidemie« zu beenden, müssten die Kapitalisten enteignet und die Produktionsmittel Gemeineigentum werden. Dann wäre die Ausbeutung des Menschen durch den Menschen zu Ende, und die Arbeiter könnten endlich die Güter herstellen, die zur Befriedigung der Bedürfnisse aller gebraucht würden. Am Ende dieser proletarischen oder sozialistischen Revolution stehe die klassenlose, kommunistische Gesellschaft, in der die Menschen nicht mehr fremdbestimmt seien, sondern getreu dem Motto »Jeder nach seinen Fähigkeiten, jeder nach seinen Bedürfnissen« leben könnten. Weiter heißt es: »Die Kommunisten verschmähen es, ihre Ansichten und Absichten zu verheimlichen. Sie erklären es offen, dass ihre Zwecke nur erreicht werden können durch den gewaltsamen Umsturz aller bisherigen Gesellschaftsordnung. Mögen die herrschenden Klassen vor einer kommunistischen Revolution zittern. Die Proletarier haben nichts in ihr zu verlieren als ihre Ketten. Sie haben eine Welt zu gewinnen. Proletarier aller Länder, vereinigt euch!«

Beinahe gleichzeitig mit der Veröffentlichung dieses Aufrufs brachen in mehreren Ländern Europas Revolutionen aus. Doch es war eher ein zufälliges zeitliches Zusammentreffen, die Gedanken von Marx und Engels spielten dabei noch keine wesentliche Rolle. 1848/49 waren die Revolutionen noch nicht proletarisch-sozialistisch, sondern bürgerlich. Das änderte sich in den folgenden hundert Jahren, wenngleich nicht immer in der von Marx erwarteten Weise. Vieles von dem, was er prophezeite, ist nicht eingetroffen. Doch der Wirkung seiner Schriften auf den weiteren Gang der Geschichte tat das keinen Abbruch.

32. Wem gehört die Welt?

Eine »Soziale Frage« gab es nicht nur in Europa, sondern auch in »Lateinamerika«, wie man die Mitte und den Süden des amerikanischen Kontinents nennt. Dort herrschten Spanien und Portugal als Kolonialmächte. Sie gewährten der einheimischen Bevölkerung keinerlei politische Rechte und beuteten sie wirtschaftlich aus. Das führte zu Unzufriedenheit und zu Aufständen. Unter Führung von José de San Martin im Süden und Simón Bolívar im Norden gelang es den Befreiungsarmeen mit Unterstützung der USA, die Spanier zu schlagen. Zwischen 1810 und 1825 wurden alle lateinamerikanischen Länder von der Kolonialherrschaft befreit. Simón Bolívar versuchte, sie zu *einer* Republik zu vereinigen, ähnlich wie die USA. Aber die meisten Länder wollten nun unabhängig bleiben und ihre eigenen Wege gehen. So entstanden Argentinien, Bolivien – das sich nach Simón Bolívar benannte –, Brasilien, Chile, Peru und die anderen Staaten, die wir heute kennen. Einig waren sie nur, wenn es gegen Ansprüche der europäischen Kolonialmächte ging; unterstützt wurden sie auch hier von den USA. Deren Präsident Monroe mahnte 1823 die Europäer, sich aus den amerikanischen Ländern herauszuhalten, da er jede Einmischung »als Kundgabe einer unfreundlichen Gesinnung gegen die Vereinigten Staaten« betrachte. Im Klartext bedeutete diese »Monroe-Doktrin«, dass von nun an »Amerika den Amerikanern« gehören werde. Diese 180 Jahre alte Auffassung ist bis heute eine wichtige Leitlinie der amerikanischen Politik. Für Spanien und Portugal bedeutete der Verlust ihrer südamerikanischen Kolonien und das Ende ihres politischen Einflusses auf dem lateinamerikanischen Kontinent zugleich das Ende ihrer Großmachtträume, die mit den Eroberungsfeldzügen ihrer Seefahrer und Entdecker im 15. und frühen 16. Jahrhundert begonnen hatten.

Nach dem Verlust ihrer Kolonien in Amerika wandten sich die europäischen Kolonialmächte verstärkt dem Fernen Osten zu.

Aus Indien hatte England die europäischen Konkurrenten nach und nach verdrängt, zuletzt Frankreich in einem siebenjährigen Krieg von

1756 bis 1763. Dennoch war Indien noch nicht Teil des britischen Reichs; formal regierten bis Mitte des 19. Jahrhunderts die indischen Fürsten, faktisch hatten auf dem gesamten indischen Subkontinent die Briten die Macht. Die wollten das Land nun modernisieren, das heißt »westlicher« machen. Dabei nahmen sie wenig Rücksicht auf die indische Lebensweise und Kultur. Das führte 1857 zu einer Meuterei indischer Soldaten gegen ihre englischen Offiziere. Die Meuterei breitete sich rasch aus und wurde zu einem Aufstand gegen die britische Herrschaft. Doch es gelang den Engländern, den Aufstand mit Hilfe loyaler indischer Truppen niederzuschlagen. Danach übernahmen sie die Regierung in Indien auch offiziell, und Königin Viktoria wurde zur »Kaiserin von Indien« ernannt. An der Politik änderte sich dadurch kaum etwas. Indien wurde, wie alle Kolonien, hauptsächlich als Rohstoff- und Absatzmarkt gesehen und behandelt. Der Aufbau leistungsfähiger Industrien und die Verbesserung der Lebensverhältnisse der Bevölkerung lagen nicht im britischen Interesse.

Großbritannien war für lange Zeit die führende Kolonialmacht in der Welt. Australien und Neuseeland gehörten ebenso zum britischen Weltreich wie einige Teile der anderen Pazifikinseln. Den Rest dieser Inseln teilten sich Holland, Frankreich und Portugal.

Nachdem Asien und Ozeanien aufgeteilt waren, blieb schließlich nur noch Afrika als Beute für die Großmächte. Der »schwarze Kontinent« war für sie jahrhundertelang nur wegen des profitablen Sklavenhandels von Interesse gewesen. Wie viel Afrikaner Opfer dieses Menschenhandels geworden sind, lässt sich nur ahnen. Zehn Millionen gelten als untere Grenze, wahrscheinlicher sind 20 bis 30 Millionen; es gibt auch Schätzungen, die von 50 Millionen ausgehen. Der große Verlust an Menschen hatte für Afrika verheerende Folgen: In vielen Gebieten wurden die traditionellen Stammesstrukturen und damit die Lebensgrundlagen der Menschen zerstört.

Mit der Eröffnung des Suezkanals 1869 begann die vielzitierte »Balgerei um Afrika«. Bis zur Jahrhundertwende war der Kontinent weitgehend in europäischen Händen. In die Reihen der Kolonialmächte trat erstmals auch das 1871 gegründete Deutsche Reich. So lange hatte es gedauert, bis der zu Anfang des Jahrhunderts beschworene deutsche

Zu den dunkelsten Kapiteln der Weltgeschichte gehört die Zeit, in der Millionen Menschen aus Afrika als Sklaven nach Europa und Amerika verschleppt wurden. Buchillustration aus dem frühen 20. Jahrhundert

Nationalstaat Wirklichkeit geworden war. Nun strebte auch er nach Kolonialbesitz. Der Afrikaforscher Karl Peters hatte dafür das Leitmotiv formuliert: »Die deutsche Nation ist bei der Verteilung der Erde leer ausgegangen. Es gilt, das Versäumte von Jahrhunderten gutzumachen.«

Gerechtfertigt wurde die Inbesitznahme des zweitgrößten Kontinents der Erde mit pseudowissenschaftlichen Lehren über die angebliche Minderwertigkeit von dessen schwarzen Bewohnern. Ihnen wolle man Kultur und Zivilisation bringen, so behaupteten die Weißen. Tatsächlich ging es ihnen um Rohstoffe und Bodenschätze, um Macht und Geld.

Die wirtschaftlichen und sozialen Probleme, mit denen viele afrikanische Staaten heute zu kämpfen haben, sind nicht zuletzt eine späte Folge rücksichtsloser europäischer Politik. Ähnliches gilt für Teile Asiens und Lateinamerikas. Dass die reichen Industriestaaten solchen Staaten helfen, ist kein Großmut, sondern der notwendige – leider oft unzureichende – Versuch einer späten Wiedergutmachung.

33. »Italien schafft es allein!«

In den fremdbestimmten Völkern Europas wuchs im 19. Jahrhundert der Wunsch nach nationaler Einheit ebenso wie in den »zerstückelten«. Zu letzteren gehörte Italien. Im Rest des ehemaligen römischen Weltreichs gab es seit langem mehrere Königreiche und Herzogtümer, die teils unabhängig waren, teils unter spanischer, österreichischer und französischer Herrschaft standen. Eine Rückbesinnung auf die einstige Größe führte zu einer Bewegung, die sich die Wiederbelebung und Erneuerung (»Risorgimento«) zum Ziel setzte. Anfangs bestand diese Bewegung nur aus einem Geheimbund, der »Corbonaria«. Die von ihm initiierten Aufstände wurden mit österreichischer Hilfe allesamt niedergeschlagen. Diese Misserfolge führten zu einer Änderung der Politik des Risorgimento: Guiseppe Mazzini (1805–1872), der geistige Führer, gründete 1831 die Organisation »Giovane Italia« (Junges Italien), die er zu einer Volksbewegung machen wollte. Sein Ziel war ein freies, unabhängiges, republikanisches Italien. Darin wurde er unterstützt vom legendären Freiheitskämpfer Guiseppe Garibaldi (1807–1882). Unter der Parole »Italien schafft es allein!« wollten sie ihr Land von fremden Einflüssen befreien und vereinigen. Doch nach mehreren Niederlagen gegen französische und österreichische Truppen mussten sie erkennen, dass sie auf Hilfe angewiesen waren. Die bot ihnen der kluge Staatsmann Graf Cavour, obwohl er kein republikanisches, sondern ein monarchisch-konstitutionelles Italien wollte.

Giuseppe Garibaldi (1807–1882)

Als Ministerpräsident des Königreichs Sardinien-Piemont unterstützte Cavour Frankreich im sogenannten

Krimkrieg von 1853 bis 1856. In diesem Krieg kämpfte Russland gegen das Osmanische Reich um mehr Einfluss auf dem Balkan und einen Zugang zum Mittelmeer. Dieses russische Expansionsstreben passte England und Frankreich nicht, weshalb sie mit den Türken gegen Russland kämpften. 1855 trat Piemont-Sardinien an der Seite Frankreichs in den Krieg ein. Im Gegenzug erhielt Cavour französische Hilfe beim Krieg gegen Österreich, das 1859 erstmals besiegt werden konnte.

Der Vatikan hat eine eigene Armee: die Schweizergarde. Sie sichert den Apostolischen Palast und die Zugänge zur Vatikanstadt und ist für die persönliche Sicherheit des Papstes verantwortlich. Soldaten können nur katholische Schweizer werden, die zwischen 19 und 30 Jahren alt und mindestens 1,74 m groß sind.

Im Mai 1860 landete Garibaldi mit 1000 Freiwilligen heimlich auf Sizilien. Und obwohl dort 20 000 Soldaten stationiert waren, gelang es dem trickreichen Garibaldi mit seinen Männern, die königlichen Einheiten nach und nach auszumanövrieren und zu besiegen. Mitte Juli hatte Garibaldi die Insel unter Kontrolle und zog in den Königspalast ein. Seine Armee war inzwischen auf 10 000 Mann angewachsen und zum Sprung auf das Festland bereit, um den größeren Teil des Königreiches Neapel-Sizilien zu erobern. Auch dort konnten die königlichen Truppen ihren Vormarsch nicht aufhalten. Überall wurde Garibaldi von den Menschen begeistert begrüßt. Am 7. September zog er in Neapel ein und beendete die Herrschaft der Bourbonen, die seit 1735 in Neapel-Sizilien regiert hatten.

Bis auf den Vatikan, den Kirchenstaat in Rom, und das noch immer zu Österreich gehörende Venetien schlossen sich alle Teilstaaten zusammen. Im Januar 1861 fanden die ersten Parlamentswahlen statt, und am 17. März wurde das Königreich Italien proklamiert.

34. Das Bismarck-Reich

»Einigkeit und Recht und Freiheit für das deutsche Vaterland«, wie Hoffmann von Fallersleben in seinem *Lied der Deutschen* gedichtet hatte, waren nach dem Scheitern der Revolution von 1848 wieder in weite Ferne gerückt. Wie zuvor bildeten die deutschen Staaten einen lockeren Bund, in dem Preußen und Österreich wieder um die Vorherrschaft stritten.

Zum neuen starken Mann der deutschen Politik wurde der preußische Ministerpräsident Otto von Bismarck (1815–1898). Kaum im Amt, sagte er am 30. September 1862: »Nicht durch Reden und Majoritätsbeschlüsse werden die großen Fragen der Zeit entschieden – das ist der große Fehler von 1848 und 1849 gewesen –, sondern durch Eisen und Blut.« Bismarcks Ziel war ein starker deutscher Nationalstaat unter preußischer Führung. Und dafür war ihm jedes Mittel recht.

Im Juni 1866 trat Preußen aus dem Deutschen Bund aus und provozierte einen Krieg gegen Österreich. In der Schlacht von Königgrätz siegten die preußischen Truppen am 3. Juli 1866 unerwartet schnell. Im anschließenden Frieden von Prag wurde der Deutsche Bund aufgelöst und Österreich aus Deutschland hinausgedrängt. Preußen schloss sich mit den Staaten nördlich des Mains zum »Norddeutschen Bund« zusammen. Bismarck wurde wegen seiner skrupellosen Politik zwar von manchen abgelehnt, aber immer mehr Deutsche sahen in ihm den Mann, der den alten Traum von der Einheit Deutschlands verwirklichen konnte.

Diese neue nationale Welle wollte Bismarck ausnützen und die süddeutschen Staaten mit dem Norddeutschen Bund verbinden. Als Mittel dazu diente ihm wieder ein Krieg, ein Krieg gegen den gemeinsamen Feind Frankreich. Durch geschicktes Taktieren erreichte Bismarck, dass Frankreich Preußen und damit auch seinen Verbündeten den Krieg erklärte und vor der Welt als Aggressor dastand.

Die nationale Begeisterung, die nun ausbrach, ähnelte der vor den Befreiungskriegen gegen Napoleon. Soldaten aus ganz Deutschland mar-

Die Franzosen mussten es als Demütigung empfinden, dass das Deutsche Kaiserreich ausgerechnet im Spiegelsaal von Versailles ausgerufen wurde.

schierten gegen Frankreich und schlugen die Franzosen am 2. September 1870 in der Schlacht von Sedan.

Nach diesem gemeinsamen Sieg war die Einheit Deutschlands näher als je zuvor. Die Menschen und die öffentliche Meinung gaben keine Ruhe mehr. In dieser nationalen Hochstimmung konnten sich die süddeutschen Fürsten und Regierungen Bismarcks Plänen und damit der Einigung letztlich nicht widersetzen. Am 18. Januar 1871 wurde im Spiegelsaal von Versailles der preußische König Wilhelm zum Deutschen Kaiser Wilhelm I. ausgerufen. Das war die Geburtsstunde des ersten deutschen Nationalstaates. Endlich waren die Deutschen am Ziel ihrer

Träume: Sie hatten einen Kaiser, ein Reich und drei Monate später auch eine Verfassung. Aber war dieses Kaiserreich wirklich das, wovon sie so lange geträumt hatten? Das neue Reich war ein Werk der Fürsten. Es gab zwar den von deutschen Männern gewählten Reichstag, aber der konnte letztlich nichts entscheiden. Und über die Regierung hatte er keinerlei Kontrolle. Sie war nur dem Kaiser verantwortlich. Er und der Reichskanzler bestimmten die Politik. Deswegen gab es nach dieser Reichsgründung auch sehr kritische Stimmen, vor allem in den süddeutschen Ländern.

35. Die k. u. k.-Monarchie Österreich-Ungarn

Nach der Niederlage von Königgrätz musste Österreich die Auflösung des Deutschen Bundes sowie die Neuordnung Deutschlands ohne eigene Beteiligung hinnehmen. Und es musste auch noch Venetien an Italien abtreten. Wenn die Habsburger im Konzert der Großmächte weiterhin mitspielen wollten, durften sie im Osten ihres Vielvölkerreiches nicht auch noch Gebiete verlieren. Vorrangig war für sie deshalb, mit Ungarn, das seit langem nach Unabhängigkeit strebte, zu einer Verständigung zu kommen. Nach langwierigen Verhandlungen kam schließlich 1867 als Kompromiss ein staatsrechtlich sonderbares Gebilde zustande: die österreichisch-ungarische Doppelmonarchie. An der Spitze stand der österreichische Kaiser, der zugleich König von Ungarn war. Ihm unterstanden das Außen-, Kriegs- und Finanzministerium – die vielzitierten k. u. k. (kaiserlichen und königlichen) Behörden. Unter diesem gemeinsamen Dach erhielt jeder Reichsteil eine eigene Verfassung, ein eigenes Parlament und eine eigene Regierung. Zur Kontrolle der Außen-, Kriegs- und Finanzministerien wählten die beiden Parlamente gemeinsame Ausschüsse, die jedoch nur sehr selten tagten.

Dass Ungarn neben Österreich zur führenden Nation aufgewertet wurde, schürte die Unzufriedenheit bei den Tschechen, Slowaken, Polen, Serben, Kroaten, Slowenen und Rumänen, die alle zur Doppelmonarchie gehörten und sich nun als Nationen zweiter Klasse sahen. Weil sie das nicht sein wollten, verlangten sie immer lauter nach Autonomie. Doch statt sich mit aller Kraft um den Ausgleich im Innern zu bemühen, annektierte die Doppelmonarchie auch noch Bosnien und die Herzegowina, um seine Stellung auf dem Balkan zu festigen. Das verschärfte den Konflikt mit Serbien, das – mit Unterstützung Russlands – eine Loslösung der südslawischen Gebiete vom Kaiserreich anstrebte, um alle in einem großserbischen Reich zu vereinen. Der Konflikt sollte zu einer der Ursachen des Ersten Weltkriegs werden.

36. Brennpunkt Balkan

Auf dem Balkan kämpften, neben den bereits erwähnten, noch weitere Völker um ihre Unabhängigkeit:

Die Bulgaren waren in ihrer wechselvollen Geschichte zeitweise ein christliches Land, dann Teil des Byzantinischen und seit 1396 des Osmanischen Reichs. In der zweiten Hälfte des 18. Jahrhunderts entstand eine Bewegung, die die Loslösung von der griechisch-orthodoxen Kirche anstrebte und die Herrschaft der Türken beenden wollte. Ziel war die »geistig-nationale Wiedergeburt Bulgariens«. Mit der Gründung einer selbständigen bulgarischen Kirche vollzogen die Bulgaren 1870 den ersten Schritt. Der zweite Schritt sollte nach dem russischen Sieg gegen die Türken im Krieg von 1877/78 folgen: Russland setzte sich für ein von den Türken befreites Bulgarien ein, ja, es wollte gar ein großbulgarisches Reich von der Donau bis an die Ägäis schaffen. Dabei dachte man in Russland allerdings nicht in erster Linie an bulgarische, sondern mehr an eigene Interessen: Ein Großbulgarien im russischen Machtbereich sollte einen alten russischen Traum vom freien Zugang zum Mittelmeer endlich Wirklichkeit werden lassen.

Fürst Alexander I. von Bulgarien um 1890

Doch damit waren die anderen europäischen Großmächte nicht einverstanden. Auf dem Berliner Kongress von 1878 erteilten sie den russischen Plänen eine klare Absage: Aus dem nördlichen Teil Bulgariens wurde ein autonomes Fürstentum; der südliche Teil blieb osmanische Provinz. Die Bulgaren waren jedoch nicht bereit, mit dieser Teilung zu leben. Und schon sieben Jahre später gelang es ihnen, die beiden Teile zu vereinen, was wiederum ihren serbischen Nachbarn überhaupt nicht gefiel. Es kam zum Krieg, den die Bulgaren gewinnen konnten. Ein so großes und unabhängiges Bulgarien war aber nicht im Sinne Russlands, das nun versuchte, seinen Einfluss wieder zu verstärken: Durch einen Putsch prorussischer bulgarischer Offiziere wurde Fürst Alexander I. zur Abdankung gezwungen. Dennoch gelang es den Russen nicht, einen Nachfolger ihrer Wahl durchzusetzen: Wieder mischten sich die europäischen Mächte ein, und so wurde ein Prinz aus dem Hause Sachsen-Coburg-Gotha als Ferdinand I. Fürst von Bulgarien. Er setzte die volle Unabhängigkeit Bulgariens durch und ließ sich 1908 zum Zaren krönen.

Die nördlichen Nachbarn Bulgariens mussten ebenso lange um ihre nationale Einheit kämpfen. Um 1600 schien erstmals ein rumänischer Staat Gestalt anzunehmen, als Michael der Tapfere die Fürstentümer Walachei und Moldau vereinigen wollte. Doch er wurde ermordet, und beide Fürstentümer blieben weitere 250 Jahre unter fremder Herrschaft, immer im Spannungsfeld zwischen dem Osmanischen Reich, Ungarn, Österreich-Ungarn und Russland.

Nach dem Krimkrieg gab es 1859 in Paris eine Friedenskonferenz, auf der die europäischen Mächte beschlossen, die Fürstentümer Walachei und Moldau unter dem Namen Rumänien zu vereinigen. Doch der erste rumänische Fürst Alexandru Cuza wurde 1866 durch eine Verschwörung unzufriedener Adliger gestürzt. Auch dieser Thron wurde daraufhin einem deutschen Prinzen angeboten. Karl von Hohenzollern-Sigmaringen wurde als Carol I. König von Rumänien (und blieb es bis 1914). Formal stand Rumänien freilich noch immer unter der Oberhoheit des Osmanischen Reiches. Das änderte sich erst auf dem oben erwähnten Berliner Kongress von 1878, auf dem die Unabhängigkeit Rumäniens anerkannt wurde.

Auch die Albaner lebten im Lauf der Jahrhunderte unter wechselnden Herrschaften: Bulgaren, Normannen, Byzantiner, Venezianer und Serben brachten 500 Jahre lang jeweils andere Lebensweisen und Vorstellungen über das Land am Mittelmeer. Und 1385 kamen dann die Türken. Gegen sie schlossen sich die albanischen Stämme zusammen und

Der aus Deutschland stammende König Carol I. von Rumänien mit seinem Großneffen, dem späteren König Karl II., und Prinzessin Maria im Jahr 1906

erkämpften sich unter ihrem Nationalhelden Skanderbeg für 25 Jahre die Freiheit. Doch bald nach dessen Tod wurde das Land wieder Teil des Osmanischen Reiches, und mit der Zeit nahmen immer mehr Menschen den islamischen Glauben an.

Erst gegen Ende des 19. Jahrhunderts entstand wieder eine Nationalbewegung. Nach zahlreichen Aufständen proklamierte der Albanische Nationalkongress 1912 die Unabhängigkeit des Landes. Aber natürlich wollten die Großmächte auch in diesem Fall mitreden. Sie waren bereit, die Unabhängigkeit anzuerkennen – wenn die Albaner einen Regenten ihrer Wahl akzeptierten. Die erklärten sich zähneknirschend damit einverstanden, und so wurde Prinz Wilhelm von Wied 1913 Fürst von Albanien.

Skanderbeg (um 1405–1468)

37. Am deutschen Wesen soll die Welt genesen

Die zweite Hälfte des 19. Jahrhunderts ist das Zeitalter des Imperialismus. Die industrialisierten Staaten Europas, die USA und neuerdings auch Japan lieferten sich einen regelrechten Wettlauf um die Eroberung und Beherrschung möglichst vieler Völker. Die behauptete Überlegenheit der eigenen Rasse gegenüber jener der zu erobernden Völker lieferte dafür die Rechtfertigung. Der britische Kolonialpolitiker Cecil Rhodes schrieb 1877: »Ich behaupte, dass wir die erste Rasse in der Welt sind und dass es für die Menschheit um so besser ist, je größere Teile der Welt wir bewohnen.« Dieses Denken gab es auch in anderen Ländern, so in Deutschland.

Seit 1871 gab es das preußisch dominierte neue Deutsche Kaiserreich. Seine Nachbarn beobachteten es misstrauisch, die neue Großmacht im Herzen Europas erschien ihnen bedrohlich. Der Reichskanzler Bismarck aber erklärte ihnen immer wieder, die Angst vor Deutschland sei unbegründet, sein Land habe keinerlei Eroberungsabsichten. Es sei, im Gegenteil, zufrieden mit seinem Territorium, sei »saturiert«. Bimarcks ausgeklügelte Bündnispolitik sicherte zusätzlich die Stellung des Reiches und bewahrte den europäischen Frieden.

Dann aber, 1888, wurde der 29-jährige Wilhelm II. Kaiser. Er steuerte schon bald einen »neuen Kurs«. Zum Leitspruch des ehrgeizigen, sprunghaften und eitlen jungen Regenten wurde der Satz: »Am deutschen Wesen soll die Welt genesen.« Den alten Reichskanzler entließ er, weil der seine Weltmachtphantasien nicht teilte. Danach ging es »mit Volldampf voraus«, wie der Kaiser zu sagen pflegte. Der spätere Reichskanzler von Bülow hielt 1897 vor dem Reichstag eine Rede zur Kolonialpolitik und schloss mit den Worten: »Die Zeiten, wo der Deutsche dem einen Nachbarn die Erde überließ, dem anderen das Meer und sich selbst den Himmel reservierte, diese Zeiten sind vorbei ... Wir wollen niemand in den Schatten stellen, aber wir verlangen auch unseren Platz

So ließ sich Wilhelm II. als junger Kaiser malen.

an der Sonne.« Um diesen Platz zu erobern, war vor allem eine Flotte nötig. Denn nur damit konnten Rohstoff- und Absatzmärkte in Übersee erobert und gesichert werden. Also gab der Kaiser den Befehl, möglichst rasch eine starke Schlachtflotte aufzubauen. Eitel und großspurig, wie er war, entwarf er dafür sogar selbst die Pläne.

Zum ersten Mal in der Geschichte sah England nun seinen Rang als stärkste Seemacht der Welt gefährdet und rüstete seinerseits die Flotte mit gewaltigen Großkampfschiffen auf. Auch die anderen europäischen Staaten schauten dem deutschen »Säbelrasseln« nicht tatenlos zu. Und als die deutsche Regierung die Bismarckschen Bündnisverträge nicht verlängerte, schlossen England, Frankreich und Russland ihrerseits Verträge, die Kriege untereinander verhindern sollten. Deutschland wurde isoliert und fühlte sich bald von Feinden umgeben. Der Kaiser und seine Regierung glaubten, noch weiter aufrüsten zu müssen, um deutsche Interessen notfalls mit Waffengewalt durchsetzen zu können. Diese Rüstungsspirale und ein übersteigerter Nationalismus machten Europa zu einem Pulverfass, das schon beim kleinsten Funken explodieren konnte. Und alle Beteiligten schienen geradezu auf einen solchen Funken zu warten. Kaum jemand bemühte sich noch ernsthaft, den Frieden zu erhalten.

»Der Lotse geht von Bord«, stand unter dieser Karikatur in der englischen Zeitschrift »Punch«. Unausgesprochen blieb die Frage, ob die Fähigkeiten des jungen Kaisers ausreichen würden, das Staatsschiff ohne den Lotsen Bismarck sicher durch schwierige Gewässer zu steuern. Nicht nur in England wurde das bezweifelt.

38. Der Erste Weltkrieg – die »Mutterkatastrophe« des 20. Jahrhunderts

Am 28. Juli 1914 besuchte der österreichische Thronfolger Franz Ferdinand mit seiner Frau die bosnische Hauptstadt Sarajewo. Vor dem Bahnhof stiegen sie in einen Wagen, kurz danach explodierte in der Nähe eine Bombe. Das Thronfolgerpaar blieb unverletzt und setzte seine Fahrt fort – eine verhängnisvolle Entscheidung. Nach einem Empfang im Rathaus drängte sich plötzlich ein junger Mann aus der Menge nach vorn und schoss auf die beiden. Franz Ferdinand starb sofort, seine Frau auf dem Weg ins Krankenhaus. Der Täter war ein serbischer Nationalist, der wie viele seiner Landsleute von einem großserbischen Reich träumte und im österreichischen Thronfolger jemanden sah, der diesem Traum im Wege stand. Sein Mordanschlag hätte keinen großen Krieg zur Folge haben müssen und in anderen Zeiten wohl auch nicht gehabt. Aber nun wurde er zu dem Funken, der die große Explosion auslöste. Später hieß es, niemand habe den Krieg wirklich gewollt, die »Männer und Mächte« seien in ihn »hineingeschlittert, hineingestolpert, hineingetaumelt«. All diese Vokabeln wollen sagen, dass die »großen Männer« sich nicht unter Kontrolle hatten – für diese Ansicht gibt es gute Gründe. Es gab und gibt aber auch Stimmen, die diese Sichtweise nicht gelten lassen und manchen »großen Männern« unterstellen, sie hätten sehr genau gewusst, was sie taten. So schreibt etwa der deutsche Historiker Fritz Fischer in seinem Buch »Der Griff nach der Weltmacht«, der Mord von Sarajewo sei für die deutsche Führung die »große Gelegenheit zum lange vorbereiteten Krieg« gewesen.

Feststeht, dass Deutschland den Krieg am ehesten hätte verhindern können; denn allein konnte Österreich-Ungarn gegen das mit Russland verbündete Serbien nicht vorgehen. Doch Wilhelm II. sicherte dem Kaiser in Wien für jeden Fall Beistand zu – ein »Blankoscheck«, wie man später sagte, für den Krieg gegen Serbien. Die Bündnismaschinerie kam ins Rollen, bis zum 4. August folgte eine Kriegserklärung der ande-

Von der Ermordung des österreichischen Thronfolgers Franz Ferdinand und seiner Frau gibt es kein Foto. Dieses Bild wurde nach Berichten von Augenzeugen für die Presse gemalt.

ren. Deutschland und Österreich-Ungarn standen schließlich Serbien, Russland, Frankreich und England gegenüber.

Der Beginn des Ersten Weltkriegs wurde fast überall in Europa bejubelt. Viele Menschen schienen beinahe erleichtert, dass sich die Spannung der letzten Monate nun endlich entlud. Vor allem in Deutschland rechnete man mit einem kurzen Krieg; die Soldaten waren überzeugt, sie würden an Weihnachten wieder zu Hause sein und als Helden gefeiert werden. Warnende Stimmen wurden überhört oder nicht ernst genommen. Sie kamen vor allem von Dichtern und Künstlern, aber auch manche Politiker wiesen vergeblich auf die Folgen eines Krieges hin.

Für kurze Zeit sah es tatsächlich so aus, als sollten die warnenden Stimmen Lügen gestraft werden. Die deutschen Truppen überrollten ihre Gegner an der West- und Ostfront, ein schnelles Ende des Krieges schien möglich. Doch dann stoppten französische und englische Truppen den deutschen Angriff kurz vor Paris. Nach der Marneschlacht vom 6. bis 9. September wurde aus dem Bewegungs- ein Stellungskrieg. Damit ließen sich die deutschen Kriegspläne nicht mehr verwirklichen; der Krieg war für Deutschland und seinen Partner Österreich-Ungarn praktisch schon verloren. Dennoch wurde an beiden Fronten weiter gekämpft. Die Soldaten gruben sich in Schützengräben ein, wurden beschossen, schossen selbst, ohne dass eine Seite sich durchsetzen konnte. Ein paarhundert Meter Geländegewinn musste mit vielen Toten bezahlt werden. So ging das vier lange Jahre, wobei die Soldaten kaum noch mehr als »Kanonenfutter« waren.

Grausamer Höhepunkt dieses neuartigen Krieges, in dem erstmals Maschinengewehre, Panzerwagen, Flugzeuge, U-Boote und Giftgas eingesetzt wurden, war die Schlacht von Verdun: Anfang 1916 wollte die deutsche Oberste Heeresleitung (OHL) Frankreich »ausbluten« und damit doch noch die Wende erzwingen. In einer monatelangen »Materialschlacht«, wie die Welt sie noch nicht gesehen hatte, starben etwa 700 000 Franzosen und Deutsche. Kurz vor seinem Tod schrieb einer von ihnen: »Gegenüber unserer Stellung scheint die Welt unterzugehen. Raus aus den Gräben! Kein Quadratmeter, der nicht zerwühlt ist. Die Maschinengewehre rasseln, das Infanteriefeuer rollt. Ein Höllenlärm.

Da stürzt einer, dort wieder einer. Leutnant U., unser derzeitiger Kompanieführer, steht auf – da – spritzen Fetzen seiner Generalstabskarte, er krampft die Hände vor die Brust und fällt vorne über. Nach wenigen Minuten ist er tot. Um 12 Uhr mittags rafft sich der Feind zu einem Gegenstoß auf. Unter Granathagel geht es zurück.« Selten wurde die Sinnlosigkeit des Krieges deutlicher als in der »Hölle von Verdun«.

Zum wirklichen Weltkrieg wurde der bis dahin noch europäische Krieg, als die deutsche OHL Anfang 1917 den »uneingeschränkten U-Boot-

Das Gesicht des Krieges: Totenkopf in einem Schützengraben nahe Verdun

Krieg« befahl. »Uneingeschränkt« bedeutete, dass auch neutrale Schiffe, darunter amerikanische, versenkt werden sollten. Daraufhin erklärten die USA am 6. April 1917 Deutschland den Krieg. Aber das deutsche Militär mit den Generälen Hindenburg und Ludendorff an der Spitze wollte immer noch nicht wahrhaben, dass der Krieg nicht mehr zu gewinnen war. Sie träumten weiter von einem »Siegfrieden« und lehnten die Friedensinitiative des Deutschen Reichstags ebenso ab wie die des amerikanischen Präsidenten Woodrow Wilson. Noch im März 1918 diktierten sie der neuen russischen Führung unter dem Revolutionär Lenin den harten »Gewaltfrieden von Brest-Litowsk«. Doch ein halbes Jahr später konnte selbst die OHL nicht länger leugnen, dass der Krieg verloren war. General Ludendorff gestand am 1. Oktober 1918 vor hohen Offizieren: »Die Oberste Heeresleitung und das deutsche Heer sind am Ende. Der Krieg ist nicht mehr zu gewinnen, vielmehr steht die endgültige Niederlage unmittelbar bevor.«

Die Künstlerin Käthe Kollwitz hat die Schrecken des Krieges in vielen beeindruckenden Bildern dargestellt. Diese Lithographie trägt den Titel »Gefallen«.

Die Verantwortung für die Niederlage aber wollten Ludendorff und die OHL nicht übernehmen. Man schlug dem Kaiser vor, »jetzt auch diejenigen Kreise an die Regierung zu bringen, denen wir es in der Hauptsache zu danken haben, dass wir so weit gekommen sind: Die sollen nun den Frieden schließen, der jetzt geschlossen werden muss. Sie sollen die Suppe jetzt essen, die sie uns eingebrockt haben«. Das war eine infame Verdrehung der Tatsachen nur zu dem Zweck, die Armee vor der Schmach der Kapitulation zu bewahren. Die Verantwortung für die Niederlage sollten die Parteien, vor allem die Partei der deutschen Arbeiter, die Sozialdemokraten, tragen. Und die Strategie der Generäle war erfolgreich – zum Schaden der ersten deutschen Republik, wie sich noch zeigen sollte.

Aber noch war der Krieg nicht zu Ende. Obwohl Ludendorff die Niederlage eingestanden hatte und am 26. Oktober zurücktrat, gab die Seekriegsleitung zwei Tage später der Hochseeflotte den Befehl, zum letzten Gefecht gegen die englische Flotte auszulaufen. Jetzt aber wollten die Matrosen kein Kanonenfutter mehr sein und wagten den Aufstand, der schnell auf Arbeiter und Soldaten übergriff und sich zur »Novemberrevolution« ausweitete. Am 9. November 1918 rief der Sozialdemokrat Philipp Scheidemann die »Deutsche Republik« aus, Kaiser Wilhelm II. floh nach Holland, und die Landesfürsten dankten ab. Am 11. November unterzeichnete ein Vertreter der neuen sozialdemokratisch geführten Regierung den Waffenstillstand, damit die Waffen endlich schwiegen.

Zu der folgenden Friedenskonferenz in Paris war Deutschland nicht zugelassen. Die Sieger saßen im Versailler Schloss, wo Bismarck 48 Jahre zuvor das Deutsche Kaiserreich ausgerufen hatte, zu Gericht und formulierten den »Versailler Vertrag«, der in manchen Punkten sehr hart war und nicht nur in Deutschland als ungerecht empfunden wurde. Vor allem Artikel 231, der Deutschland und seinen Verbündeten die alleinige Schuld am Ausbruch des Krieges gab und sie »für alle Verluste und Schäden verantwortlich« machte, löste in Deutschland Empörung aus. Ministerpräsident Scheidemann weigerte sich, den Vertrag zu unterschreiben und trat zurück. Als die Sieger mit der Weiterführung des Krieges drohten, musste die neue deutsche Regierung doch unterschreiben.

In Deutschland wuchs der Zorn gegen die demokratischen Politiker, die in den Augen vieler Menschen für den »Schandfrieden« und die »Schmach von Versailles« verantwortlich waren. Rechte Parteien und Verbände riefen bald nach einer »Revision von Versailles«; heute kann man sagen, dass im Friedensvertrag, der den Ersten Weltkrieg beendete, schon der Keim für den Zweiten Weltkrieg lag.

Der Erste Weltkrieg kostete mehr als 10 Millionen Menschenleben. Weitere 30 Millionen Menschen wurden zum Teil schwer verwundet und waren für ihr Leben gezeichnet. Er veränderte die Welt grundlegend. Mit Russland, dem Deutschen Reich und Österreich-Ungarn brachen drei große Monarchien zusammen; der österreichische Vielvölkerstaat löste sich auf, neue Staaten wie die Tschechoslowakei und Jugoslawien entstanden. Auch das Osmanische Reich zerbrach endgültig. Die Türkei wurde ein selbständiger Staat. Andere Länder und Gebiete im Nahen Osten wurden unter englische und französische Verwaltung gestellt. Frankreich und England gehörten zwar zu den Siegern, hatten jedoch große Verluste erlitten und waren wirtschaftlich und politisch geschwächt. Insgesamt gesehen verlor Europa seine beherrschende Rolle in der Welt; dafür traten die Vereinigten Staaten von Amerika zum ersten Mal als Weltmacht in Erscheinung. Sie waren der eigentliche Gewinner des Krieges. Ihr Kriegseintritt und die russische Oktoberrevolution machen 1917 zu einem »Epochenjahr«. Obwohl die junge Sowjetrepublik noch schwach war, begann mit der ersten sozialistischen Revolution die Teilung der Welt in ideologisch verfeindete Blöcke.

39. Die Sowjetunion

In der zweiten Hälfte des 19. Jahrhunderts hatten sich die Lehren von Karl Marx und Friedrich Engels – der »Marxismus«, wie man bald sagte – in ganz Europa verbreitet. So auch in Russland. Allerdings waren es dort nicht Arbeiter, die ihr anhingen, sondern vor allem Intellektuelle. Einer der glühendsten Verfechter des Marxismus war Wladimir Iljitsch Uljanow, genannt Lenin (1870–1924). Er hatte die Lehren von Marx und Engels schon während seiner Universitätszeit gründlich studiert und war zunächst zu dem Schluss gekommen, dass sie sich auf das rückständige, noch kaum industrialisierte Russland nicht anwenden ließen. Deshalb hielt er sie aber nicht für falsch. Man würde sie nur den russischen Verhältnisse anpassen müssen, und das tat er selbst. Aus dem Marxismus wurde so der »Marxismus-Leninismus« oder kurz »Leninismus«, demzufolge eine sozialistische Revolution nicht nur in hochindustrialisierten kapitalistischen Ländern mit einem klassenbewussten Proletariat ausbrechen konnte, sondern auch in wenig entwickelten Ländern wie eben Russland. Von dort, so Lenin, könne sie sogar auf andere Länder übergreifen und am Ende auf die ganze Welt. Es brauche dafür allerdings eine straff organisierte »Kaderpartei« von Berufsrevolutionären, die das Proletariat führten und im Volk für das richtige Bewusstsein sorgten. Die Partei allein entscheide über den richtigen Zeitpunkt für eine Revolution und müsse auch in der anschließenden Übergangsphase von der sozialistischen zur kommunistischen Gesellschaft die Führung behalten. Dies alles im Interesse des Volkes, das es vor den Feinden der Revolution, den »reaktionären« Kräften, zu schützen gelte.

Der Leninismus war zugeschnitten auf die Lage der Sozialdemokratischen Arbeiterpartei Russlands, deren Mitglieder und Anhänger Lenin dafür gewinnen wollte. Diese Partei war im zaristischen Russland verboten und konnte nur im Untergrund oder vom Ausland aus agieren. Dennoch wollten sich längst nicht alle Sozialdemokraten als Berufsrevolutionäre verstehen. Lenins Lehre war umstritten und führte schließlich zur Spaltung der Partei in radikale Bolschewiki und gemäßigte Men-

Wladimir Iljitsch Uljanow, genannt Lenin (1870–1924), spricht auf dem Roten Platz in Moskau.

schewiki. Am Ende behielten die Bolschewiki die Oberhand: Unter Lenins Führung wurden sie zur entscheidenden Kraft in der Oktoberrevolution von 1917.

Im Februar dieses Jahres hatten kriegsmüde Arbeiter und Soldaten in St. Petersburg, der Hauptstadt des Zarenreichs, einen Aufstand gewagt und die Republik ausgerufen. Doch die neue provisorische Regierung wollte nur eine politische, keine soziale Revolution; die Lage der Arbeiter und Bauern änderte sich nicht. Außerdem setzte die Regierung den Krieg gegen Deutschland fort, und die Versorgung des Volkes verschlechterte sich immer weiter. In dieser Situation kehrte der im Schweizer Exil lebende Lenin nach Russland zurück und setzte sich an die Spitze der Bewegung gegen die Regierenden. In seinen berühmten »Aprilthesen« forderte er die sofortige Beendigung des Krieges, den Sturz der provisorischen Regierung, die Enteignung der Großgrundbesitzer und die Aufteilung des Landes unter die Bauern. Alle Macht im Staat sollten Arbeiter- und Soldatenräte übernehmen, die »Sowjets«.

Die Regierung verbot daraufhin Lenins Partei und setzte Truppen gegen demonstrierende Arbeiter, Bauern und Soldaten ein. Mit Mühe konnte sie sich so noch an der Macht halten. Doch je schlechter die Versorgungslage wurde, desto mehr Anhänger fand Lenins Parole »Frieden, Land und Brot«. Im Oktober 1917 sah er den richtigen Zeitpunkt für die Revolution gekommen: »Die Regierung schwankt. Man muss ihr den Rest geben, koste es, was es wolle.«

In der Nacht vom 24. zum 25. Oktober – nach westlichem Kalender schrieb man den 7. November – besetzten die Bolschewiki alle wichtigen Einrichtungen der Hauptstadt und verhafteten die Mitglieder der Regierung. Lenin rief die Sozialistische Sowjetrepublik aus und bildete eine Revolutionsregierung. Von der ergingen sofort »Dekrete«, mit denen Lenins Forderungen nach Frieden, Land und Brot verwirklicht werden sollten. Industrie und Banken wurden verstaatlicht, ebenso der Kirchenbesitz. Jeglicher private Handel wurde verboten, die Verteilung von Waren von der Regierung organisiert. An die Stelle des alten Gerichtswesens traten Volksgerichtshöfe mit gewählten Richtern. Frauen sollten gleichberechtigt mit Männern werden. Die Ehescheidung wurde erleichtert, und uneheliche Kinder wurden ehelichen gleichgestellt. Schulen und Universitäten wurden dem arbeitenden Volk geöffnet; Bildung, Wissenschaft und Kunst sollten ihren Beitrag zur Erziehung eines »neuen Menschen« leisten.

Dies alles, die radikale Umgestaltung einer ganzen Gesellschaft, war nicht weniger als ein weltgeschichtliches Experiment, wie es noch keines zuvor gegeben hatte. Überall in Europa schaute man nach Russland, und vor allem Intellektuelle waren fasziniert von dem, was dort vor sich ging. Die große Mehrheit derjenigen, die in der neuen Sowjetrepublik lebten, blieb freilich skeptisch: Bei den anberaumten Wahlen zu einer verfassunggebenden Nationalversammlung erhielten die Bolschewiki, sehr zu Lenins Ärger, gerade einmal 24 % der Stimmen. Aus Furcht, die gewählten Volksvertreter könnten am Ende noch seine Revolutionsregierung absetzen, ließ Lenin am 18. Januar 1918 die Nationalversammlung mit Gewalt auflösen. Er rechtfertigte dieses Vorgehen damit, man habe »im wahren Interesse der übergroßen Mehrheit des Volkes« so gehandelt. Ob das Volk das auch so sah, tat dabei nichts zur Sache.

Jossif Wissarionowitsch Dschugaschwili, genannt Josef Stalin (1879–1953)

So zu tun, als kenne man die Interessen der Menschen besser als diese selbst, blieb ein Kennzeichen leninistischer Politik. Die Bolschewiki hatten die Macht erobert und wollten sie um keinen Preis wieder hergeben. Die Behauptung, dabei im höheren, »wahren« Interesse der Menschen, ja der ganzen Menschheit zu handeln, verschaffte ihnen dafür die vermeintliche Legitimation. Als große Teile des russischen Volkes sich gegen die Herrschaft der Bolschewiki wehren wollten, kam es zum Bürgerkrieg. Anhänger des Zaren, bürgerliche Liberale und gemäßigte Sozialisten kämpften fast drei Jahre lang gegen die Alleinherrschaft der Kommunistischen Partei Russlands, wie sich die Bolschewiki seit Anfang 1918 nannten. Trotz der Hilfe aus dem Ausland unterlagen sie am Ende der von Lenins Mitstreiter Leo Trotzki geführten »Roten Armee«.

Wladimir Iljitsch Uljanow, genannt Lenin, starb im Januar 1924, und sofort begann an der Parteispitze ein erbitterter Kampf um die Nachfolge. Jossif Wissarionowitsch Dschugaschwili, genannt Josef Stalin (1879–1953), ging daraus als Sieger hervor. Er nutzte die folgenden Jahre, ihm gefährlich erscheinende Rivalen um die Macht aus ihren Positionen zu drängen oder zu ermorden. Eines seiner Opfer war auch Lenins engster Weggefährte Trotzki, den Stalin noch 1940 im mexikanischen Exil, wo er ihm längst nicht mehr gefährlich werden konnte, umbringen ließ.

Zur Festigung seiner unumschränkten Macht brauchte Stalin fünf Jahre, bis 1929. Dann stellte er fest: »Wir hängen fünfzig oder hundert Jahre hinter den fortgeschrittenen Völkern dieser Erde zurück. Wir müssen das in zehn Jahren nachholen. Entweder tun wir das, oder die andern werden uns zerschmettern.« Um dieses Ziel zu erreichen, war Stalin jedes Mittel recht. Rücksicht auf irgendjemanden gedachte er nicht zu nehmen. Er verordnete eine »Revolution von oben«. Das bedeutete zunächst einmal, dass den Bauern ihr Land und ihre Höfe genommen wurde, um neue landwirtschaftliche Großbetriebe, »Kolchosen«, zu schaffen. Wer sich dieser »Kollektivierung der Landwirtschaft« widersetzte, wurde nach Sibirien verbannt, ins Arbeitslager gesperrt oder erschossen. Der brutalen Zwangskollektivierung fielen zwei bis drei Millionen Menschen zum Opfer. Weil die Kolchosen lange nicht in der Lage waren, genügend Nahrungsmittel zu produzieren, mussten weitere zehn Millionen Menschen verhungern.

Stalins Revolution von oben bedeutete zugleich die Industrialisierung des riesigen Landes – auch die um jeden Preis. Priorität besaß dabei die Schwerindustrie. Überall in Russland, von der Ukraine bis nach Sibirien, wurden ganze Industriestädte aus dem Boden gestampft. Der Staat legte in »Fünfjahresplänen« fest, was, wann, wo, von wem, in welcher Qualität und zu welchem Preis produziert werden sollte. Die Bedürfnisse der arbeitenden Menschen spielten dabei keine Rolle. Im Gegenteil: Die Arbeiter wurden in der sich sozialistisch nennenden Sowjetunion schlimmer ausgebeutet und unterdrückt als in allen kapitalistischen Ländern des Westens. Für die Erfolge der »Planwirtschaft« bezahlten sie mit unmenschlichen Arbeitsbedingungen und einem menschenunwürdigen Lebensstandard.

Zwischen 1928 und 1940 vervielfachte sich so die Industrieproduktion im Land; nur von den USA wurde die Sowjetunion in diesem Zeitraum noch übertroffen. Trotzdem regte sich Kritik gegen Stalins menschenverachtende Politik. Der Diktator reagierte mit einer »Großen Säuberung«, einem Mordprogramm gegen alle, die gegen ihn hätten opponieren können. Ihm fielen ungezählte wirkliche und vermeintliche Gegner in Partei, Staat und Armee zum Opfer, auch viele Künstler und sämtliche Weggefährten Lenins. Die Revolution fraß, wie zuvor in Frankreich, ihre Kinder. Sie wurden von der allmächtigen Geheimpolizei ermordet oder so lange gefoltert, bis sie in absurden Schauprozessen öffentlich Dinge eingestanden, die sie nie getan hatten. Danach wurden sie zum Tod verurteilt oder zur fast immer tödlichen Zwangsarbeit in sibirische Lager geschickt. Der russische Dichter Alexander Solschenizyn hat das Leben und Sterben in solchen Lagern, dem »Archipel Gulag«, eindringlich beschrieben. Man schätzt, dass zwölf Millionen Menschen in Stalins Lagern umgekommen sind.

In der Geschichte der Menschheit hat es viele Herrscher gegeben, die im wahrsten Sinne des Wortes über Leichen gingen. Was den Fall Stalin so besonders macht, ist der Umstand, dass seine Partei ja angetreten war, um das russische Volk aus seiner jahrhundertealten Knechtschaft zu befreien. Der vermeintliche Befreier des Volkes wurde zu dessen Massenmörder. So etwas hatte die Geschichte noch nicht gesehen. Der Fall Stalin zeigt – beinahe zeitgleich mit dem Fall Hitler –, wohin es führen kann, wenn eine wirksame Kontrolle der Macht im Staat fehlt. Man nennt solche politischen Systeme »totalitär«. Totalitäre Staaten sind nicht nur für ihre Nachbarn gefährlich, sondern auch für die Menschen, die in ihnen leben.

40. Neue Staaten in Europa

Im Norden Europas erklärten sich vier Völker, die seit Jahrhunderten unter fremder Herrschaft lebten, schon während des Ersten Weltkriegs für unabhängig; den Anfang machten die Finnen. Sie nutzten die Revolutionswirren in Russland und verkündeten im Juli 1917 ihre Unabhängigkeit. Die wurde von der neuen Sowjetregierung im Dezember anerkannt. Im Januar 1918 forderten finnische Kommunisten den Anschluss an Sowjetrussland, was die bürgerlichen Kräfte entschieden ablehnten. Es begann ein blutiger Bürgerkrieg, in dem das »weiße Lager« von deutschen Truppen, das »rote Lager« von den Sowjets unterstützt wurde. Nach vier Monaten konnten die »Weißen« den Machtkampf für sich entscheiden, und Finnland wurde eine parlamentarische Republik.

Die drei baltischen Staaten Estland, Lettland und Litauen waren während des Krieges von zwei Seiten bedroht: Zuerst wurden sie von den Deutschen besetzt, dann griffen die russischen Kommunisten nach ihnen und wollten sie sowjetisieren. Trotzdem erklärten sich 1918 nacheinander alle drei Staaten für freie demokratische Republiken.

Nach dem Krieg machten sich die Siegermächte in Paris daran, in Ost- und Südosteuropa neue Nationalstaaten zu planen. Das war schon deshalb schwierig, weil dort die Völker seit Jahrhunderten bunt gemischt miteinander lebten, mal mehr, mal weniger friedlich. Bei dieser Völkermischung war es unmöglich, die neuen Staatsgrenzen auch als Volksgrenzen zu ziehen. Außerdem ging es den Siegern nicht nur um das Selbstbestimmungsrecht der bislang von den Großmächten dominierten Völker; mindestens so wichtig war ihnen, eben diese Großmächte zu schwächen. Die territorialen Regelungen, die vor diesem Hintergrund getroffen wurden, bargen von Anfang an viel Konfliktstoff in sich.

So war die neu entstandene Tschechoslowakei im Kleinen, was Österreich-Ungarn im Großen gewesen war: ein Vielvölkerstaat, auch wenn im Namen nur zwei Völker genannt wurden. In diesem Staat lebten mehr Deutsche (3 Millionen) als Slowaken (2,5 Millionen). Außerdem gab es noch 1,3 Millionen Ungarn, Ukrainer und Polen. Ihnen standen über 7 Millionen Tschechen gegenüber. Die Slowaken, die froh waren, die ungarische Bevormundung endlich überstanden zu haben, wehrten sich nun gegen die »Tschechisierung«. Und die Deutschen lehnten diesen Staat von vornherein ab. Der Wunsch, aus der Tschechoslowakei möge eine »zweite Schweiz« werden, in der sechs Völker in Frieden und Freiheit zusammenleben, blieb ein frommer Wunsch.

Das neue »Königreich der Serben, Kroaten und Slowenen« trug zwar schon drei Völker im Namen, aber das waren noch längst nicht alle, die im zweiten Vielvölkerstaat lebten. Dazu kamen noch Bosnier, Mazedonier, Albaner, Ungarn und Deutsche. Mitten durch das Königreich, das 1929 in Jugoslawien umbenannt wurde, lief eine unsichtbare Linie: Sie trennte die römisch-katholische und westlich geprägte Region mit Slowenien und Kroatien von den byzantinisch-orthodox und islamisch orientierten Gebieten im Südosten des Landes. Um das Verhältnis der Völkerschaften und Menschen zueinander zu charakterisieren, wurde häufig folgende kleine Geschichte erzählt: Einem Bauern in Jugoslawien starb seine letzte Kuh. Da hatte eine gute Fee Mitleid mit ihm und schenkte ihm einen Wunsch. »Na, was wünschst du dir denn?«, fragte die Fee. »Dem Nachbarn soll auch die Kuh krepieren«, antwortete der Bauer.

Dieser Geist machte das Zusammenleben in einem Staat natürlich sehr schwierig. Dazu kam noch, dass die Serben, die knapp die Hälfte der Bevölkerung stellten, einen Führungsanspruch erhoben. Den akzeptierten vor allem die selbstbewussten Kroaten nicht, und so kam es zu starken Spannungen. Selbst im Parlament griffen sich Abgeordnete nicht nur mit Worten, sondern auch mit Waffen an.

Mit Polen entstand ein alter Staat neu, der Ende des 18. Jahrhunderts von der politischen Landkarte verschwunden war, nachdem die Großmächte das Land unter sich aufgeteilt hatten. Sowohl Deutschland als auch Österreich mussten große Gebiete an Polen abtreten. Die vorgesehene Ostgrenze, die der Sprachgrenze folgte, akzeptierten die Polen nicht. 1920 kam es zum Krieg mit Sowjetrussland, das sich noch im revolutionären Umbruch befand. Nach anfänglichen polnischen Erfolgen begann der sowjetische Gegenangriff, der erst kurz vor Warschau gestoppt werden konnte. Staatschef Marschall Pilsudski hämmerte seinen Landsleuten ein, dass die Russen nicht als sozialistische Befreier kamen, sondern als Feinde der eben erst gewonnenen Unabhängigkeit. Damit gelang es ihm, den polnischen Patriotismus zu mobilisieren und die Rote Armee zurückzuschlagen. In Polen und im gesamten Westen wurde dieser Sieg als »Wunder an der Weichsel« gefeiert. Im Frieden von Riga wurde die polnische Ostgrenze 250 Kilometer weiter östlich gezogen als ursprünglich geplant. Dadurch gehörten nun 6 Millionen Ukrainer und 1,5 Millionen Weißrussen zu Polen. Zusammen mit den 1,1 Millionen Deutschen betrug der Anteil nationaler Minderheiten in Polen rund 30 Prozent – ein beachtliches Konfliktpotential auch hier.

Rumänien, das im Krieg gegen die Mittelmächte gekämpft hatte, erhielt im Westen von der ehemaligen Donaumonarchie und im Osten von Sowjetrussland so große Gebiete, dass die Landmasse nahezu verdoppelt wurde. In dem dünn besiedelten Land lebten fortan 3 Millionen Rumänen, 1,5 Millionen Ungarn und 750 000 Deutsche bunt gemischt. Die rumänische Regierung aber verweigerte den Minderheiten des Landes jegliche politische Mitsprache.

Die ehemalige Habsburger Großmacht schrumpfte gewaltig zusammen. Der Kleinstaat Österreich hatte gerade noch 6,5 Millionen Einwohner. Durch die großen Gebietsverluste und die hohen Reparationen war das Land wirtschaftlich kaum überlebensfähig. Eine zusätzliche Belastung waren die zahllosen Beamten und Offiziere in der Hauptstadt Wien. Diese Oberschicht aus k. u. k-Zeiten war nun weitgehend überflüssig, was Unzufriedenheit und Verbitterung zur Folge hatte. Neben ihren Aufgaben hatte man vielen von ihnen mit der Abschaffung der Adelsprädikate gleichsam ihre Würde genommen. Denn im k. u. k.-Denken begann der Mensch erst mit einem »von« im Namen.

Und auch von der kleineren Hälfte der Doppelmonarchie blieb nur noch ein Rumpfstaat übrig: Ungarn verlor rund zwei Drittel seines Territoriums und seiner Bevölkerung.

Die politische Landkarte Europas musste neu gezeichnet werden.

41. Der Feind steht rechts!

»Das Alte und Morsche ist zusammengebrochen, es lebe das Neue, es lebe die Republik!«, hatte der deutsche Sozialdemokrat Philipp Scheidemann am 9. November 1918 ausgerufen.

Wie in Deutschland, so entstanden nach dem Ersten Weltkrieg in vielen Länder Europas parlamentarisch-demokratische Regierungssysteme. Doch die Startbedingungen für die jungen Demokratien waren denkbar schlecht: Der Krieg hatte große Schäden angerichtet, weite Landstriche waren verwüstet, die Wirtschaft lag danieder, und die Menschen litten Not. Das war ein guter Nährboden für Demagogen, für Volksverhetzer, die die Unsicherheit und Unzufriedenheit der Menschen geschickt ausnützten.

Einer der begabtesten Demagogen war Benito Mussolini (1883–1945), der in Italien an die Macht wollte. »Faschismus« nannte er sein geplantes Herrschaftssystem, das eine Alternative sowohl zum Sozialismus als auch zur parlamentarischen Demokratie sein sollte. In Wahrheit aber war es eine Form der totalitären Herrschaft, eine Diktatur.

Die noch junge italienische Demokratie und deren unerfahrene Repräsentanten hatten den Faschisten wenig entgegenzusetzen. Mussolini konnte ungehindert uniformierte Schlägertrupps – die »Schwarzhemden« – zusammenstellen und sich als Hüter der öffentlichen Ordnung gegen sozialistische Umtriebe aufspielen. Es war die Zeit, als viele Industrielle, aber auch der bürgerliche Mittelstand in beinahe allen europäischen Ländern in der Angst lebten, die Ideen der russischen Revolution könnten auf ganz Europa übergreifen. So war es auch in Italien. Und von Mussolini, dem »Duce« – auf Deutsch »Führer« –, erwarteten die derart Verängstigten, dass er sie und ihr Eigentum vor den Sozialisten und Kommunisten beschützte. In diesem Klima organisierte Mussolini im Oktober 1922 einen »Marsch auf Rom«, um die gewählte Regierung abzusetzen und selbst die Macht zu übernehmen. Erst jetzt wollte die Regierung gegen die Faschisten vorgehen und die Armee einsetzen. Doch der aufgeschreckte König Viktor Emanuel III. gab dem

An dem berühmten »Marsch auf Rom« nahm Benito Mussolini (mit Stehkragen und Krawatte) selbst gar nicht teil. Er reiste im Schlafwagen von Mailand nach Rom und reihte sich erst kurz vor dem Ziel bei den Marschierern ein.

Druck der Faschisten nach und ernannte Mussolini zum Ministerpräsidenten.

Als man Mussolini nach den geistigen Grundlagen des Faschismus fragte, gab er die legendäre Antwort, so etwas brauche er nicht, Handeln sei wichtiger als alle Philosophie. So lebte denn der Faschismus auch weniger von eigenen Gedanken als von der Ablehnung der Gedanken anderer: Er war antimarxistisch, antikommunistisch, antiliberal, antidemokratisch, antipluralistisch, antiparlamentarisch und antikapitalistisch. Die wichtigste Forderung an die Italiener lautete, sie sollten alle privaten Interessen zurückstellen, um Teil einer einzigen großen harmonischen Volksgemeinschaft zu werden. Nur so könne man im Kampf gegen andere Völker bestehen und die eigene Nation zu neuer Größe führen. »Glaube, gehorche, kämpfe!«, war der Wahlspruch der Faschisten. Mit diesem Programm verwandelte der »Duce« Italien in wenigen Jahren in einen totalitären Staat. Dass er in vielem wie Adolf Hitler dachte, ist überdeutlich. Später wurden sie folgerichtig zu Verbündeten.

Es gab Demokratien, die sich in den ersten Nachkriegsjahren besser behaupten konnten. Doch es war ein Kennzeichen dieser Zeit, dass sie von zwei Seiten gleichzeitig angegriffen und bedroht wurden: von rechts, wo rückwärtsgewandte politische Kräfte in autoritäre, vordemokratische Zeiten zurückwollten, und von links, wo man eine politische Ordnung nach sowjetischem Vorbild anstrebte.

Wie gefährliche solche Kräfte wurden, hing nicht zuletzt davon ab, welchen Lebensstandard ein Land seinen Bürgern bieten konnte. Je besser es den Menschen ging, desto schwerer hatten es die politischen Demagogen welcher Richtung auch immer.

Leider waren die zwanziger Jahre des vergangenen Jahrhunderts auch eine Zeit großer wirtschaftlicher und in der Folge sozialer Krisen.

Dabei hatte alles gar nicht schlecht angefangen: Dort, wo sich die Demokratien behaupteten, ging es wirtschaftlich bergauf, der Lebensstandard verbesserte sich langsam, aber stetig – das Schlimmste, so glaubte man, sei überstanden. Es begannen die »goldenen zwanziger Jahre«. Vor allem in den Großstädten pulsierte ein neues, freieres Leben. Der Jazz, neue, wilde Tänze, neue Kommunikationsmittel wie das Telefon, neue Produktionsweisen in den Fabriken, wo der Siegeszug des Fließbands begann – all das beeindruckte und begeisterte die Menschen.

Doch dann kam der »Schwarze Freitag«, der die »Goldenen Zwanziger« mit einem Schlag beendete. An diesem Freitag, dem 25. Oktober 1929, begann mit dramatischen Kursstürzen an der New Yorker Börse die erste Weltwirtschaftskrise. Amerikanische Banken verlangten von ihren europäischen Schuldnern die sofortige Rückzahlung aller Kredite samt Zinsen.

Deutschland, das durch die Folgen des Krieges am höchsten verschuldet war, traf das besonders hart. Es kam zu einer Verknappung des Geldes, die industrielle Produktion stockte, und Firmen brachen beinahe über Nacht zusammen. Eine große Arbeitslosigkeit war die Folge – es schlug die Stunde der politischen Kräfte, die immer schon die parlamentarische Demokratie in Deutschland ablehnten. Jetzt sahen sie ihre Chance gekommen, die »Weimarer Republik« – so genannt nach dem Ort, an dem ihre Verfassung entstanden war – im Sturm zu nehmen. Und die Repräsentanten dieser Republik zeigten sich schwach: Die regierende Koalition aus SPD und bürgerlichen Parteien hätten zwar eine Mehrheit für die wirtschaftlich notwendigen Maßnahmen gegen die Krise gehabt, doch sie verschleuderte diese Mehrheit mit einer im Nachhinein unglaublich erscheinenden Leichtfertigkeit. Weil man sich nicht über die Finanzierung der Arbeitslosenversicherung einigen konnte oder wollte, trat die letzte parlamentarisch legitimierte Regierung der Weimarer Republik zurück. Der Reichstag war nicht mehr in der Lage, eine neue Regierung zu bilden. Das machte nach der Verfassung den Reichspräsidenten zum bestimmenden Mann der Politik. Seit 1925 war das der greise Weltkriegsgeneral Paul von Hindenburg, selbst alles andere als

Arbeitslose vor einem Arbeitsamt in Hannover im Jahr 1930. Solche Menschenschlangen gab es in den Jahren nach der Weltwirtschaftskrise in allen deutschen Städten.

ein Demokrat und von der Situation völlig überfordert. In seinem ganzen Denken autoritären Zeiten verhaftet, dazu von alten Kameraden verhängnisvoll beeinflusst, ernannte er in immer kürzeren Abständen »Präsidialkabinette«. Nicht mehr der Reichstag beschloss nun Gesetze, sondern der Reichspräsident erließ »Notverordnungen«, die ihm die Präsidialkabinette vorlegten. Die in der Demokratie so wichtige Gewaltenteilung war damit aufgehoben. Formal entsprach das zwar der Weimarer Verfassung, doch ihrem Geist keineswegs: Sie hatte so etwas nur für den Ausnahmefall vorgesehen. Von 1930 an wurde dieser Ausnahmefall zum Normalfall. Wenn man so will, war damit die Weimarer Republik schon vor Adolf Hitlers »Machtergreifung« gescheitert. Der spielte mit seiner Partei seit längerem eine Rolle in der deutschen Politik. Sein rasanter Aufstieg aber begann nach der Weltwirtschaftskrise, in der Krise der ersten deutschen Republik.

Ein Propagandamittel der Nazis war, die Not der Menschen aufzugreifen und Abhilfe zu versprechen. Und viele verzweifelte Arbeitslose sahen in Hitler tatsächlich ihre letzte Hoffnung.

Dabei hatte der Weltkriegsgeneral Hindenburg selbst große Vorbehalte gegen den geborenen Österreicher und ehemaligen einfachen Soldaten Hitler. »Sie werden mir doch nicht zutrauen, meine Herren, dass ich diesen österreichischen Gefreiten zum Reichskanzler berufe«, sagte er noch am 27. Januar 1933 zu seinen Beratern. Die aber redeten ihm ein, man könne den Führer der stärksten Partei im Reichstag nicht länger von der Regierung ausschließen. Die konservativen Politiker glaubten, man könne Hitler »zähmen« und dann sogar für die eigenen Zwecke einspannen. Einer der engsten Vertrauten Hindenburgs, Franz von Papen, verstieg sich zu dem Satz: »In zwei Monaten haben wir Hitler an die Wand gedrückt, dass er quietscht.« Selten hat sich ein Politiker so schwer und so verhängnisvoll getäuscht.

42. Deutschland wird zum »Führerstaat«

Adolf Hitler war eine der fürchterlichsten Figuren in der Weltgeschichte. Sein Aufstieg erscheint im Rückblick beinahe unbegreiflich. Hitler hatte weder einen Schulabschluss noch einen ordentlichen Beruf. Als Jugendlicher schlug er sich mit Gelegenheitsarbeiten durch und lebte in Wiener Männerheimen. Kaum hatte der Erste Weltkrieg begonnen, meldete sich der 25-Jährige als Freiwilliger und wäre am liebsten immer Soldat geblieben. In der Armee fühlte er sich aufgehoben, dort wusste er, was er zu tun und zu lassen hatte. Das Prinzip von Befehl und Gehorsam imponierte ihm.

Nach dem verlorenen Krieg schloss sich Hitler wie viele Entwurzelte und Unzufriedene einer der zahlreichen neuen Parteien an. Weil er ein guter Redner war, wurde er schon nach einem Monat als »Werbeobmann« in den Vorstand der »Deutschen Arbeiterpartei« gewählt. Als Erstes setzte er einen neuen Namen durch: »Nationalsozialistische Deutsche Arbeiterpartei« (NSDAP). Zum Emblem der Partei wurde das Hakenkreuz. Innerhalb eines Jahres stieg Hitler zum mächtigsten Mann in der Partei auf; im Juli 1921 ließ er sich zum Vorsitzenden mit nahezu unbegrenzten Machtbefugnissen wählen. Nach dem Vorbild der Faschisten in Italien baute er eine halbmilitärische »Sturmabteilung« (SA) auf, die in braunen Uniformen aufmarschierte und die Gegner der Partei einschüchtern sollte.

Nach Mussolinis erfolgreichem »Marsch auf Rom« wollte Hitler es dem Vorbild nachtun: Er rief seine »Braunhemden« am 9. November 1923 zum »Marsch auf die Feldherrnhalle« nach München. Wie der »Duce« wollte er die Regierung stürzen. Zusammen mit dem Ex-General Ludendorff führte Hitler den Zug an, doch die Polizei stoppte ihn und verhaftete die Aufständischen. Im anschließenden Gerichtsverfahren wurde Ludendorff freigesprochen, Hitler zu fünf Jahren Haft verurteilt – von denen er allerdings nur neun Monate verbüßen musste. Während dieser Zeit schrieb er an seinem Buch »Mein Kampf«, in dem er seine Vorstellungen und Ziele unverhüllt formulierte. Zum großen Teil entsprachen sie denen der italienischen Faschisten. Hinzu kam eine

Nach seiner Ernennung zum Reichskanzler zeigte sich Hitler am Fenster der Reichskanzlei seinen jubelnden Anhängern.

obskure Rassenlehre, der Hitler fanatisch anhing, und ein ebenso fanatischer, sich auf diese Lehre berufender Judenhass. Er gipfelte in der Feststellung, die Juden als »minderwertige Rasse« müssten ausgerottet werden. Außerdem forderte Hitler »Lebensraum im Osten« für das deutsche »Herrenvolk«. Als Endziel schwebte ihm die Errichtung »einer großen, auf der Idee der Sklaverei und der Ungleichheit beruhenden neuen Gesellschaftsordnung« vor, nicht nur in Deutschland, sondern weltweit. Dann werde die »arische Herrenrasse« unter deutscher Führung die ganze Welt beherrschen.

Viele hielten das für Hirngespinste eines zu kurz gekommenen und frustrierten Mannes, den man nicht ernst nehmen musste. Andere folgten dem »Führer« wie einst die Kinder dem Rattenfänger von Hameln. Aber sie alle konnten sich am 30. Januar 1933 kaum vorstellen, was in den kommenden zwölf Jahren passieren würde. Der 30. Januar des Jahres 1933 war der Tag, an dem der greise Reichspräsident Hindenburg den Führer der NSDAP Adolf Hitler zum Reichskanzler ernannte. Es war der schwärzeste Tag der deutschen Geschichte überhaupt.

Nach der »Machtergreifung« beherrschten Hitlers Parteitruppen SA und SS – »Schutzstaffel« – die Straße. Politische Gegner wurden verfolgt, verprügelt, getötet. Erste Lager wurden eingerichtet, in denen willkürlich festgenommene Männer und Frauen eingesperrt und gequält wurden. Angst und Schrecken unter den Menschen zu verbreiten war eine von Hitlers Methoden, seine Macht zu erhalten und auszubauen; die andere war, sich der staatlichen Institutionen zu bedienen und dabei den Schein zu wahren, im Rahmen der Verfassung und der Gesetze zu handeln. Als am 27. Februar 1933 der Berliner Reichstag brannte, ließen die Nationalsozialisten sofort verbreiten, Kommunisten hätten den Brand gelegt. Schon am nächsten Tag lag eine anscheinend bereits vorbereitete Notverordnung »Zum Schutz von Volk und Staat« auf dem Schreibtisch des Reichspräsidenten. Weil es gegen die Kommunisten ging, waren Hindenburgs Berater dafür, dass er unterzeichnete, obwohl damit die wichtigsten Grundrechte »bis auf Weiteres außer Kraft gesetzt« wurden. Diese Notverordnung blieb bis 1945 in Kraft und gab den Nazis die Möglichkeit, dem Buchstaben des Gesetzes nach legal gegen alle ihre Kritiker und Gegner vorzugehen.

In diesem Klima fand der Wahlkampf für die Reichstagswahl am 5. März 1933 statt, bei dem die Betonung auf »Kampf« lag. Die NSDAP überflutete das Land mit Propagandamaterial und hielt unzählige Versammlungen ab. Die Kommunistische Partei und ihre Zeitungen wurden verboten, ihre Funktionäre verhaftet. SA-Trupps tauchten bei Wahlveranstaltungen der SPD und der bürgerlichen Parteien auf, störten sie oder machten sie unmöglich. Die Presse wurde so unter Druck gesetzt, dass bei den meisten Zeitungen von einer freien, unabhängigen Berichterstattung keine Rede mehr sein konnte. Trotzdem erhielt die NSDAP nicht die erhoffte Mehrheit. Mit 43,9 % der Stimmen war sie auf einen Koalitionspartner angewiesen. Den fand sie in der »Deutschnationalen Volkspartei«. Zusammen verfügten sie über 51,9 % der Stimmen; Hitler hätte mit einer parlamentarischen Mehrheit regieren können. Aber er wollte mehr. Deshalb legte er das sogenannte »Ermächtigungsgesetz« vor. Es sollte der Regierung erlauben, Gesetze, die sogar von der Verfassung abweichen konnten, ohne Mitwirkung des Reichstags zu beschließen. Um den Anschein von Legalität zu wahren, benötigte Hitler zum letzten Mal den Reichstag. Bei der entscheidenden Sitzung am 23. März 1933 wurde die SA als »Ordnungsdienst« eingesetzt, um den Druck auf die Abgeordneten der Oppositionsparteien zu erhöhen. Die 81 KPD-Mandate galten schon vorher als nicht existent, den bürgerlichen Parteien machte Hitler Versprechungen und erreichte so die erforderliche Zweidrittel-Mehrheit. Nur die SPD hielt dem Druck stand und stimmte geschlossen gegen das Gesetz, mit dem sich der Reichstag selbst ausschaltete und das Hitler praktisch zum Alleinherrscher in Deutschland machte. Er nutzte seine Macht von Anfang an, um Staat und Gesellschaft nach seinen Vorstellungen umzugestalten. Zuerst wurde durch das »Gesetz zur Gleichschaltung der Länder mit dem Reich« die Selbständigkeit der Länder aufgehoben. An die Stelle der Ministerpräsidenten traten »Reichsstatthalter«, die Hitler unterstanden. Als Nächstes wurden die Gewerkschaften und die SPD verboten, führende Funktionäre in »Schutzhaft« genommen und in sogenannte »Konzentrationslager« gesperrt. Die bürgerlichen Parteien lösten sich »freiwillig« auf. Am 14. Juli 1933 wurde die Gründung neuer Parteien per Gesetz verboten.

Ein halbes Jahr haben die Nazis gebraucht, um aus Deutschland einen undemokratischen Ein-Parteien-Staat mit Adolf Hitler an der Spitze zu machen. Als Hindenburg am 2. August 1934 starb, übernahm Hitler auch das Amt des Reichspräsidenten und damit den Oberbefehl über die Reichswehr. Sein offizieller Titel lautete von nun an »Führer des Deutschen Reiches und Volkes«. Deutschland war endgültig ein »Führerstaat«.

43. Hitlers Rassenwahn

Aus dem »österreichischen Gefreiten« war »der Führer« geworden. Wie früher die absolutistischen Monarchen vereinigte er nun alle Macht in seiner Hand. Doch das genügte ihm noch nicht. Er wollte nicht nur die Macht über ein Land, er wollte auch die Menschen darin bis in ihr Denken und Fühlen beherrschen. Darum sollten schon die Kinder im nationalsozialistischen Geist erzogen werden. Weil Hitler das nicht allein dem Elternhaus und der Schule überlassen wollte, wurden »Jungvolk«, »Hitlerjugend«, »Bund Deutscher Mädel« und ähnliche Organisationen gegründet, in denen alle Kinder je nach ihrem Alter erfasst werden sollten. Dort lerne »diese Jugend nichts anderes als deutsch denken, deutsch handeln«, wie Hitler es formulierte. »Und wenn so diese Knaben, diese Mädchen mit ihren zehn Jahren in unsere Organisationen hineinkommen und dort nun oft zum ersten Mal überhaupt eine frische Luft bekommen und fühlen, dann kommen sie vier Jahre später vom Jungvolk in die Hitlerjugend, und dort behalten wir sie wieder vier Jahre. Und dann geben wir sie erst recht nicht zurück in die Hände unserer alten Klassen- und Standeserzeuger ... und sie werden nicht mehr frei ihr ganzes Leben.«

Hitlers Stellvertreter Rudolf Heß nannte als oberstes Erziehungsziel die »kritiklose Treue« und »die bedingungslose Hingabe an den Führer«.

»Führer befiehl, wir folgen!«, lautete eine der Leitparolen im »Dritten Reich«. Damit niemand auf unerwünschte Gedanken kam, durften liberale und linke Journalisten und Schriftsteller nicht mehr veröffentlichen; ihre Bücher wurden schon am 10. Mai 1933 öffentlich verbrannt. Bilder und Musik, die dem sogenannten »gesunden Volksempfinden« nicht entsprachen, galten als »undeutsch und entartet«. Wissenschaftler, die dem neuen »deutschen Geist« nicht folgen wollten, wurden entlassen.

Obwohl es schwer war, sich dem Druck und der Beeinflussung zu entziehen, ließen sich nicht alle Deutschen vereinnahmen. Von Anfang an gab es Menschen, die dem NS-Regime kritisch gegenüberstanden und auch Widerstand leisteten. Der reichte von der Verweigerung des »Hitlergrußes« über die Unterstützung verfolgter Mitmenschen bis zur politischen Untergrundarbeit und zur Planung von Attentaten auf Hitler. Aber in dem totalitären Staat, in dem man nirgendwo vor Spitzeln und Denunzianten sicher sein konnte, war jeder Widerstand lebensgefährlich. Tausende mussten für ihre Zivilcourage und ihren Mut mit dem Leben bezahlen.

Das alles gab es so ähnlich auch in anderen Diktaturen. Was das NS-Regime von ihnen unterschied, war die Rassenlehre, der Hitler seit seiner Wiener Zeit anhing. Damals hörte er an Stammtischen und in Männerheimen, die Juden seien minderwertig und gefährliche Feinde der Völker Europas. Deswegen müsse man sie aus allen öffentlichen Ämtern entfernen und dahin zurückschicken, wo sie hergekommen seien. Damals las Hitler in obskuren Schriften, es gebe höherwertige und minderwertige Rassen, die gegeneinander ums Überleben kämpften. Es sei ein Grundgesetz der Natur, dass zur Höherentwicklung der Menschheit insgesamt die Höherwertigen das Recht, ja sogar die Pflicht hätten, die Minderwertigen zu vernichten. In der Rangfolge ganz oben stehe

Das Eisenbahntor des Konzentrationslagers Auschwitz-Birkenau ist ein Symbol für das größte Verbrechen der Menschheitsgeschichte. Es steht für die industrielle Ermordung von über sechs Millionen Menschen.

die nordische Rasse der »Arier«, ganz unten die Juden. Diese unsinnige, pseudowissenschaftliche Theorie geisterte seit dem ausgehenden 19. Jahrhundert durch Europa. Bei Hitler fiel sie auf besonders fruchtbaren Boden. Für ihn waren die Juden auch schuld an der deutschen Niederlage im Ersten Weltkrieg und am »Versailler Schanddiktat«. Und wenig später schrieb er in »Mein Kampf«: »Der Jude ist und bleibt der ewige Parasit, ein Schmarotzer, der wie ein schädlicher Bazillus sich immer mehr ausbreitet, sowie nur ein günstiger Nährboden dazu einlädt. Die Wirkung seines Daseins aber gleicht ebenfalls der von Schmarotzern: Wo er auftritt, stirbt das Wirtvolk nach kürzerer oder längerer Zeit ab.« Von der Bezeichnung von Menschen als Parasiten bis zum Gedanken, sie müssten ausgerottet werden, ist nur ein kleiner Schritt.

Bald nach der Machtergreifung begannen in Deutschland Hetzkampagnen und Schikanen, durch die Juden ausgegrenzt und zur Auswan-

Schuhe ermordeter Menschen im KZ Auschwitz, wie man sie nach der Befreiung des Konzentrationslagers durch sowjetische Soldaten dort vorfand

derung getrieben werden sollten. Und bis heute fragt man sich, wie so etwas im 20. Jahrhundert in einer Kulturnation, im Land von Kant, Lessing, Goethe und Schiller möglich war. Die Diskriminierung, Entrechtung und Verfolgung der Juden geschah ja keineswegs heimlich, sondern vor den Augen der Nachbarn, Bekannten, Freunde, Arbeitskollegen, Sportkameraden, Mitschüler. Erst die »Endlösung der Judenfrage« nach 1942, der geplante Massenmord, fand nicht mehr vor den Augen der Öffentlichkeit statt. Dafür bauten die Nazis im besetzten Polen große Vernichtungslager, in die Juden aus ganz Europa deportiert wurden. Die Errichtung von Todesfabriken, in denen etwa sechs Millionen Angehörige einer Religionsgemeinschaft systematisch ermordet wurden, ist mit keinem Verbrechen in der Weltgeschichte zu vergleichen. Der Holocaust an den europäischen Juden lastet auf Deutschland, unabhängig davon, was Einzelne darüber wussten.

44. Der totale Krieg

In den ersten Jahren seiner Kanzlerschaft gab sich Adolf Hitler nach außen als friedliebender Staatsmann. In einer Geheimrede vor der »Deutschen Presse« sagte er am 10. November 1938 dazu unter anderem: »Die Umstände haben mich gezwungen, *jahrzehntelang* fast nur vom Frieden zu reden.« Nun gelte es, »das deutsche Volk psychologisch allmählich umzustellen und ihm langsam klarzumachen, dass es Dinge gibt, die, wenn sie nicht mit friedlichen Mitteln durchgesetzt werden können, mit Mitteln der Gewalt durchgesetzt werden *müssen*«.

Was Hitler wirklich wollte, hatte er schon in seinem Buch »Mein Kampf« geschrieben: einen Weltanschauungskrieg gegen »das bolschewistische Russland«, einen Rassenkrieg gegen »das Judentum« und einen Eroberungskrieg gegen »die niederen Völker im Osten«, um neuen »Lebensraum für das deutsche Herrenvolk« zu gewinnen. Dieses Programm hatten nur wenige ernst genommen. Dass er es ernst meinte, hatte Hitler bereits drei Tage nach seiner Wahl zum Reichskanzler, am 3. Februar 1933, vor den Spitzen der Reichswehr deutlich gemacht: Ziele der deutschen Politik seien die »Ausrottung des Marxismus mit Stumpf und Stiel«, »Beseitigung des Krebsschadens der Demokratie«, »Aufbau der Wehrmacht«, »Eroberung neuen Lebensraumes im Osten und dessen rücksichtslose Germanisierung«.

Weil die Zeit dafür noch nicht reif war, gab sich Hitler nach außen gemäßigt. Er sprach nur immer wieder davon, alle Deutschen hätten das Recht, in einem gemeinsamen Deutschen Reich zu leben. Der erste Schritt dazu erfolgte am 13. Januar 1935: Per Volksabstimmung kam das Saarland wieder zum Deutschen Reich. Gut ein Jahr später rückten deutsche Truppen in das seit 1919 entmilitarisierte Rheinland ein, was den Bruch des Versailler Vertrages bedeutete. Doch Großbritannien und Frankreich protestierten nur verhalten. Das galt auch für den »Anschluss« Österreichs am 14. März 1938. Hitler hatte das Land, aus dem er stammte, kurzerhand zu einem Teil des Deutschen Reiches erklärt und die europäischen Nachbarn, die deshalb keinen Krieg riskieren wollten, frech überrumpelt. Ein halbes Jahr später verlangte er auch den

Nach 1945 wollten sich wenige daran erinnern, von Hitler begeistert gewesen zu sein. Auf vielen Bildern aus jener Zeit sieht man es jedoch anders. Hier sind es Frauen, die Hitler auf dem Deutschen Sängerbundfest im Juli 1937 anhimmeln wie einen Popstar.

Anschluss des Sudetenlandes mit seinen dreieinhalb Millionen Deutschen – »die letzte territoriale Forderung, die ich in Europa zu stellen habe«. Dann seien alle Deutschen in einem Reich daheim.

Die europäischen Mächte schauten diesen Eroberungszügen zu, formulierten weiterhin schwache Proteste und versuchten, Hitler durch Zugeständnisse zu beschwichtigen. Aber durch diese »Appeasement«-Politik war der nicht zu stoppen.

Am 31. August 1939 diktierte Hitler den Befehl zum Angriff auf Polen: »Nachdem alle *politischen Möglichkeiten erschöpft* sind, um auf friedlichem Wege eine für Deutschland unerträgliche Lage an seiner Ostgrenze zu beseitigen, habe ich mich zur *gewaltsamen Lösung* entschlossen …

Angriffstag 1. September 1939.

Angriffszeit 4.45 Uhr.«

Mit dem Überfall auf Polen entfesselte Hitler den Zweiten Weltkrieg. Und sogleich erprobte die deutsche Armee eine neue Strategie, die man »Blitzkrieg« nannte; schnelle Panzerverbände drangen mit Unterstützung von Kampfflugzeugen tief in das Feindesland vor, dann erst folgten die Fußtruppen und besetzten die eroberten Gebiete. Mit der Konzentration aller Kräfte auf jeweils einen Gegner sollten schnelle Siege errungen werden, denn für einen längeren Krieg an mehreren Fronten war Deutschland nicht gerüstet. Die notwendigen Ressourcen mussten durch die Ausbeutung der Besiegten erst beschafft werden.

Die neue Kriegsstrategie funktionierte auch in Dänemark, Norwegen, Belgien, den Niederlanden und sogar in Frankreich. Nach nur fünf Wochen zogen deutsche Truppen in Paris ein, und am 22. Juni 1940 musste Frankreich die Kapitulation unterzeichnen. Hitler wählte dafür einen symbolträchtigen Ort: den gleichen Eisenbahnwagen im Wald von Compiègne, in dem die Deutschen am 11. November 1918 den Waffenstillstand hatten unterzeichnen müssen. In Hitlers Verständnis war damit »die Schmach von Versailles getilgt«; von vielen Deutschen wurde er danach als »größter Feldherr aller Zeiten« gefeiert. Nichts und niemand schien ihn aufhalten zu können.

Der erste Rückschlag kam, als Deutschland auch England angriff. Obwohl die Luftwaffe monatelang englische Städte bombardierte, gelang es nicht, den Widerstandswillen der Engländer zu brechen. Hitler

Hitler bei einer Lagebesprechung mit hohen Generälen im Juni 1942. Für manche war er da noch der größte Feldherr aller Zeiten, andere benutzten schon die Abkürzung »Gröfaz« und machten damit deutlich, was sie von Hitlers Fähigkeiten hielten.

ließ die Angriffe einstellen und wandte sich seinem eigentlichen Ziel zu: dem ideologischen Hauptfeind, der Sowjetunion. 1939 hatte er zwar noch einen Nichtangriffspakt mit Stalin geschlossen, doch das hinderte ihn nicht daran, am 22. Juni 1941 das »Unternehmen Barbarossa« zu beginnen: den Feldzug gegen das große sowjetische Reich. Und wieder schien die Blitzkrieg-Strategie erfolgreich zu sein. Schon im Oktober standen deutsche Truppen vor Moskau. Doch dann setzte der Winter ungewöhnlich früh ein und brachte den deutschen Vormarsch ins Stocken. Für den russischen Winter war die Wehrmacht, wie einst das napoleonische Heer, nicht ausgerüstet; die Versorgung wurde schwieriger, die Verluste wurden größer. Die Rote Armee, die von dem Angriff überrascht worden war, startete eine Gegenoffensive. Damit war die Blitzkrieg-Strategie gescheitert. Deutsche Truppen konnten zwar im Sommer 1942 noch einmal vorrücken, aber im Winter 1942/43 wurden bei Stalingrad 300 000 Mann eingekesselt. Ihre Lage war aussichtslos, doch Hitler verbot die Kapitulation; die 6. Armee wurde vollständig aufgerieben. Die

Schlacht um Stalingrad gilt als ein Wendepunkt im Verlauf des Krieges. Von nun an war die Wehrmacht auf dem Rückzug, auch wenn man in Deutschland noch immer vom »Endsieg« sprach.

Inzwischen war aus dem europäischen Krieg ein Weltkrieg geworden; mit Deutschland verbündet hatte sich neben dem faschistischen Italien auch Japan, das sich Vorteile in Südostasien davon versprach. Japan war es auch, das mit dem völlig überraschenden Angriff auf die amerikanische Pazifikflotte in Pearl Harbor vom 7. Dezember 1941 die USA in den Krieg hineinzog. Wie schon im Ersten Weltkrieg musste nun jedem klar sein, dass sich die Kräfteverhältnisse durch den Kriegseintritt der USA so sehr verschoben hatten, dass Deutschland und seine Verbündeten nur noch verlieren konnten. Doch ebenso wie die Feldherren Hinden-

Alliierte Flugzeuge über den Ruinen einer deutschen Stadt. So sah es zum Ende des Krieges vielerorts in Deutschland aus.

burg und Ludendorff wollte auch der »größte Feldherr aller Zeiten« nicht kapitulieren. Lieber opferte er weiterhin Millionen Menschenleben. Und seine Generäle unterstützten ihn dabei.

In Italien wurde Mussolini am 25. Juli 1943 im Auftrag von Viktor Emanuel III. verhaftet – das Land wechselte die Fronten. In Deutschland wagte es niemand, Hitler zu verhaften; ein Attentat von Oberst Stauffenberg am 20. Juli 1944 misslang. Das Schießen und Bomben ging weiter; nun wurde Deutschland selbst zum Kriegsschauplatz. Deutsche Städte wurden bombardiert, von Osten drang die Rote Armee ins Land, von Westen die westlichen Alliierten. Im Frühjahr 1945 war Deutschland vollständig besetzt.

Die abgebildete Uhr wurde in Hiroshima gefunden. Sie blieb am 6. August 1945 um 8.15 Uhr stehen, zu dem Zeitpunkt, als die Atombombe explodierte.

Am 30. April 1945 beging Adolf Hitler Selbstmord, am 8. Mai kapitulierte die deutsche Führung bedingungslos. Damit war der Krieg in Europa beendet. Im pazifischen Raum dauerte er noch weitere drei Monate und endete mit dem Abwurf der ersten Atombomben auf Hiroshima und Nagasaki am 6. und 9. August 1945. Die fürchterlichen Waffen sollten Japan zur Kapitulation zwingen und erreichten ihr Ziel. Der Zweite Weltkrieg war endgültig zu Ende. Er kostete 55 Millionen Menschen das Leben und zeigte auf schreckliche Weise, wozu Menschen fähig sind. Mit dem Abwurf der Atombombe leiteten die USA ein neues Zeitalter ein. Sie demonstrierten gleichzeitig ihren Führungsanspruch in der Welt.

45. Auferstanden aus Ruinen

Nach zwei Weltkriegen innerhalb von vierzig Jahren sollte mit dem Blutvergießen endlich Schluss sein. Als Voraussetzung dafür galt, dass sich im Verhältnis der europäischen Staaten zueinander einiges änderte. Dazu hielt der englische Politiker Winston Churchill (1874–1965) am 19. September 1946 in Zürich eine bemerkenswerte Rede. »Wenn den europäischen Ländern die Vereinigung gelingt, werden ihre 300 bis 400 Millionen Bewohner aufgrund ihres gemeinsamen Erbes grenzenlosen Wohlstand, Ruhm und Glück erleben. Dazu aber muss sich die europäische Staatenfamilie oder wenigstens der größtmögliche Teil dieser Familie erneuern und seine Verbindungen wieder so eng knüpfen, dass sie sich in Frieden, Sicherheit und Freiheit entwickeln können. Bemühen wir uns um die Errichtung der – wie soll ich es Ihnen sagen – Vereinigten Staaten von Europa. Der erste Schritt in diese Richtung ist die Bildung eines ›Europarats‹. Für das Gelingen dieser höchst dringenden Aufgabe müssen sich Frankreich und Deutschland, Großbritannien, das mächtige Amerika und, wie ich aufrichtig hoffe, auch die Sowjetunion wieder miteinander versöhnen. Denn dann wären alle großen Probleme gelöst.«

Sir Winston Churchill (1874–1965) im Jahr 1950

Churchill erhielt für seine Vision von einem in Frieden vereinten Europa viel Beifall. Doch die Realität sah anders aus, denn die beiden neuen Supermächte USA und Sowjetunion standen sich bald unversöhnlich gegenüber. Amerikanische Politiker gingen davon aus, dass die Sowjetunion die Welt kommunistisch machen wolle und deswegen jede sich bietende Möglichkeit nutzen werde, die geschwächten europäischen Staaten zu

»schlucken«. Deswegen sei es notwendig, zumindest Westeuropa wirtschaftlich und militärisch so zu stärken, dass es als »Prellbock« dienen könne. Umgekehrt unterstellten sowjetische Politiker den USA, sie wollten Europa ins kapitalistische Lager ziehen und zu Satellitenstaaten machen. Die Auseinandersetzung zwischen dem System der parlamentarischen Demokratie mit marktwirtschaftlicher Ordnung westlicher Prägung und dem kommunistischen Einparteienstaat mit einer staatlich gelenkten Wirtschaft begann. Und die Politik der beiden Supermächte führte dazu, dass die Welt sich in zwei Blöcke spaltete. Weil das ohne den Einsatz der gewaltigen Kriegsmaschinerien geschah, sprach man bald vom »Kalten Krieg«.

Der Erfinder des Marshall-Plans, George Marshall, sagte am 5. Juni 1947: »Unsere Politik richtet sich nicht gegen irgendein Land oder eine Ideologie, sondern gegen Hunger, Armut, Verzweiflung und Chaos.«

Am 5. Juni 1947 verkündete der amerikanische Außenminister George Marshall ein Programm zum Wiederaufbau der europäischen Wirtschaft. Alle europäischen Staaten und sogar die Sowjetunion signalisierten Interesse. Um die Wirtschaftshilfe sinnvoll einsetzen zu können, verlangte der Marshall-Plan einen Austausch von Informationen. Das lehnte der sowjetische Staats- und Parteichef Josef Stalin kategorisch ab. Und er zwang die osteuropäischen Staaten, die Verhandlungen über eine Beteiligung an dem Hilfsprogramm ebenfalls abzubrechen.

Am 12. Juli 1947 fand dann in Paris eine Konferenz über den Marshall-Plan statt. Belgien, Dänemark, Frankreich, Griechenland, Großbritannien, Irland, Island, Italien, Luxemburg, die Niederlande, Norwegen, Österreich, Portugal, Schweden, Schweiz und die Türkei waren dabei. Interessant ist, dass die Türkei schon damals zum Kreis der europäischen Staaten gerechnet wurde. Das besiegte und besetzte Deutschland gehörte nicht dazu.

Die USA waren bereit, 13 Milliarden Doller unter den europäischen Ländern zu verteilen, stellten allerdings Bedingungen: Die 16 Staaten mussten ihre Handelsbeziehungen liberalisieren und die Zollschranken abbauen. Und sie mussten der »Organization of European Economic Cooperation« (OEEC) beitreten, die das überwachen und notfalls Sanktionen verhängen sollte. Die Verhandlungen waren äußerst schwierig, denn allen Staaten fiel es schwer, auf Rechte zu verzichten und zumindest Teile ihrer Politik mit anderen Staaten abzustimmen. Doch angesichts der wirtschaftlichen und politischen Lage waren sie schließlich bereit dazu und machten mit der Unterzeichnung des Vertrages über die OEEC am 16. April 1948 den ersten Schritt in Richtung westeuropäische Vereinigung.

Deutschland befand sich nun in einer eigentümlichen Situation: Als Staat existierte es zu der Zeit gar nicht. Es war aufgeteilt in vier Besatzungszonen. Die USA, England, Frankreich und die Sowjetunion bestimmten im Alliierten Kontrollrat gemeinsam über das Land als Ganzes; in ihrer Zone bestimmte jede Besatzungsmacht allein. Weil Stalin für seinen Machtbereich eine Teilnahme an der OEEC abgelehnt hatte, erhielt die sowjetische Zone keine amerikanische Wirtschaftshilfe. Dagegen sorgten die drei westlichen Alliierten dafür, dass ihre Zonen Geld für den Wiederaufbau bekamen. Das war der erste Schritt zu einer Spaltung Deutschlands und damit auch Europas. Der zweite Schritt erfolgte schon wenig später: Am 21. Juni 1948 gab es in den drei Westzonen eine »Währungsreform«, durch die die »Deutsche Mark« eingeführt wurde. Und ein knappes Jahr später erlaubten die westlichen Alliierten die Gründung der Bundesrepublik Deutschland.

Beinahe im Gleichschritt vollzog sich die staatliche Neuordnung in der sowjetischen Zone. Am straffen Zügel der Besatzungsmacht wurde am 7. Oktober 1949 die Deutsche Demokratische Republik als »sozialistischer Bruderstaat« gegründet. Damit war die Teilung Deutschlands endgültig vollzogen.

Um dem westlichen Wirtschaftsbündnis etwas entgegensetzen, hatte Stalin im Januar 1949 den »Rat für gegenseitige Wirtschaftshilfe« geschaffen, auch Comecon genannt. Ihm gehörten neben der Sowjetunion anfangs Bulgarien, Polen, Rumänien, Tschechoslowakei und Ungarn an, etwas später kamen noch Albanien und die neu gegründete Deutsche Demokratische Republik dazu. Ziel dieses östlichen Wirtschaftsbündnisses war es, eine Art Arbeitsteilung zwischen den Mitgliedsstaaten zu erreichen, um dadurch die Produktivität zu verbessern und dem Westen Paroli bieten zu können. Allerdings waren die Mitglieder nicht gleichberechtigt; die Sowjetunion dominierte die anderen Staaten, und bald waren die vom »großen Bruder« abhängig, der seine Interessen durchsetzen konnte.

Die Einführung einer marktwirtschaftlichen Ordnung im Westen und einer staatlich gelenkten Planwirtschaft im Osten machten deutlich, dass die Vereinigten Staaten von Europa, von denen Churchill in seiner Züricher Rede gesprochen hatte, in weite Ferne rückten.

46. Projekt Europa

In seiner berühmt gewordenen Züricher Rede hatte Churchill unter anderem gesagt: »Ich spreche jetzt etwas aus, das Sie in Erstaunen setzen wird. Der erste Schritt bei der Neugründung der europäischen Familie muss eine Partnerschaft zwischen Frankreich und Deutschland sein. Nur auf diese Weise kann Frankreich die moralische Führung Europas wiedererlangen. Es gibt kein Wiederaufleben Europas ohne ein geistig großes Frankreich und ein geistig großes Deutschland.«

Die Leute waren über diese Worte nicht nur erstaunt, in Frankreich waren viele empört. So kurz nach dem Krieg war das für sie unvorstellbar. Und selbst wenn es irgendwann wieder ein Deutschland geben würde, dürfte es nicht gleichrangig neben Frankreich stehen. In einem neu zu schaffenden Europa sollte Frankreich eine, wenn nicht *die* führende Rolle spielen. Deutschland dagegen musste so klein gehalten werden, dass es nie wieder fähig sein würde, einen Krieg zu führen.

Das war in den ersten Nachkriegsjahren auch die Sicht der französischen Politik. *Wenn* Frankreich in einem neuen Europa einen gleichberechtigten Partner akzeptieren würde, dann nur Großbritannien. Doch dem Inselstaat fiel der Schritt von der ehemaligen Weltmacht zum europäischen Partnerland schwer; die Briten wollten keine Souveränitätsrechte abgeben. Als weiteren Grund für die ablehnende Haltung dem »Projekt Europa« gegenüber nannte die regierende Labour Party: weil »wir in jeder Hinsicht, nur abgesehen von der Entfernung, unseren Verwandten in Australien und Neuseeland näher sind als den Europäern«.

Als sich 1948 die Bildung eines westdeutschen Staates abzeichnete, wuchs in Frankreich die Sorge, dieser Staat könnte irgendwann wieder stark genug sein, um seine Nachbarn anzugreifen. Das musste unbedingt verhindert werden, aber wie? Da hatte ein ungewöhnlicher Mann eine ungewöhnliche Idee: Jean Monnet (1888–1979), der später »Vater Europas« genannt wurde. Seine Familie besaß ein gut florierendes Cognac-Unternehmen mit internationalen Handelsbeziehungen, so dass er schon früh weit in der Welt herumkam. Seine Aktivitäten beschränkten sich jedoch nicht auf das Unternehmen; einige Zeit arbeitete er als Ban-

Bei einer Tagung der OEEC im Oktober 1949 in Paris durfte »Allemagne« erstmals mit einer eigenen Delegation teilnehmen. Für die junge Bundesrepublik Deutschland war das ein wichtiger Schritt zurück in den Kreis der europäischen Staaten.

kier in New York, nach dem Ersten Weltkrieg war er für den Völkerbund tätig, 1932 organisierte er das Eisenbahnwesen in China, 1938 war er als Wirtschaftsberater in Rumänien und Polen. Nach dem Zweiten Weltkrieg wurde er Leiter des Planungsamtes für die Modernisierung der französischen Wirtschaft. Dabei hatte der Kosmopolit Monnet neben Frankreich auch dessen Nachbarn, insbesondere Deutschland, im Blick. Doch im Gegensatz zu vielen Politikern war er überzeugt, dass Europa nicht durch Visionen und schöne Reden entstehen würde, sondern durch kleine praktische Schritte. Vor diesem Hintergrund entstand Monnets ungewöhnliche Idee: Um zu verhindern, dass Deutschland je wieder kriegsfähig würde, mussten seine Kohle- und Stahlproduktion als Schlüsselindustrien für die Rüstung von einer übernationalen Behörde kontrolliert werden. Das schlug er seinem Außenminister Robert Schumann (1886–1963) vor, der die Idee zu dem sogenannten Schumann-Plan ausarbeitete. Diesen Plan besprach er mit Konrad Adenauer (1876–1967), dem ersten Kanzler der jungen Bundesrepublik Deutschland. Dessen Ziel war es, sein Land so schnell wie möglich zu einem

Unterzeichnung des Vertrages über die »Europäische Gemeinschaft für Kohle und Stahl«. Sitzend in der Bildmitte ist Jean Monnet zu sehen, rechts von ihm steht Robert Schumann. Zweiter von links ist der deutsche Delegationschef Walter Hallstein.

gleichberechtigten Mitglied in Westeuropa zu machen. Im Schumann-Plan sah er dazu eine große Chance und stimmte ihm zu. Daraufhin verkündete der französische Außenminister seinen Plan am 9. Mai 1950 der internationalen Presse:

»Die französische Regierung schlägt vor, die Gesamtheit der französisch-deutschen Kohle- und Stahlproduktion unter eine gemeinsame Oberste Aufsichtsbehörde zu stellen, in einer Organisation, die den anderen europäischen Ländern zum Beitritt offensteht.

Die Zusammenlegung der Kohle- und Stahlproduktion wird sofort die Schaffung gemeinsamer Grundlagen für die wirtschaftliche Entwicklung sichern – die erste Etappe europäischer Föderation – und die

Bestimmung jener Gebiete ändern, die lange Zeit der Herstellung von Waffen gewidmet waren, deren sicherste Opfer sie gewesen sind.

Die Solidarität der Produktion, die so geschaffen wird, wird bekunden, dass jeder Krieg zwischen Frankreich und Deutschland nicht nur undenkbar, sondern materiell unmöglich ist.«

Die Erklärung wurde als Sensation empfunden; man sprach sogar von einer »Schumann-Bombe«, und der Tag gilt seither als Meilenstein auf dem Weg nach Europa. Das ist er, und daran ändert auch die Tatsache nichts, dass Monnet und Schumann ebenso wie Adenauer in erster Linie nationale Ziele verfolgten.

Es dauerte nur wenige Wochen, bis die Sogwirkung des Schumann-Plans spürbar wurde. Im Juni 1950 nahmen Frankreich, die Bundesrepublik Deutschland, Italien, Belgien, die Niederlande und Luxemburg Verhandlungen auf der Grundlage des Schumann-Plans auf. Am 18. April 1951 unterzeichneten sie in Paris den Vertrag über die »Europäische Gemeinschaft für Kohle und Stahl« (EGKS), auch »Montanunion« genannt. Ihre Hauptaufgabe war, »zur Ausweitung der Wirtschaft, zur Steigerung der Beschäftigung und zur Hebung der Lebenshaltung in den Mitgliedsstaaten beizutragen«. Dazu übertrugen diese nationale Kompetenzen an ein übernationales Leitungsgremium, die »Hohe Behörde«. Deren neun Mitglieder wurden von den Regierungen einvernehmlich benannt. Sie waren bei ihren Entscheidungen aber nicht an Weisungen gebunden. Doch weil die Mitgliedsstaaten ihre Vorstellungen und Interessen auch weiterhin einbringen wollten, gab es einen »Beratenden Ausschuss«, in dem Abgeordnete der nationalen Parlamente saßen. Sie sollten die Arbeit der Hohen Behörde kontrollieren und konnten sie mit Zweidrittel-Mehrheit absetzen. Außerdem gab es einen »Ministerrat«, in den jede Regierung einen Minister schickte. Dieser Rat sollte dafür sorgen, dass die Politik der Hohen Behörde und die Wirtschaftspolitik der sechs Staaten möglichst gut harmonierten. Und schließlich wurde ein »Gerichtshof« installiert, der von Institutionen und Bürgern der Gemeinschaft angerufen werden konnte.

Die Motive der sechs Staaten, diesen Vertrag zu unterschreiben, mögen unterschiedlich gewesen sein, das Ergebnis war von historischer Bedeutung. Dass ehemalige Feinde wenige Jahre nach Kriegsende eine solche Gemeinschaft gründen, ist in der Weltgeschichte ohne Beispiel.

47. Wie soll Europa sich verteidigen?

Am 25. Juni 1950 begann der Koreakrieg. Unterstützt von der Sowjetunion griff das kommunistische Nordkorea den Süden des Landes an. Obwohl dieser Krieg im fernen Asien auf den ersten Blick mit Europa nichts zu tun zu haben schien, ließ er bei den westlichen Staatsmännern die Alarmglocken läuten. Denn was sie seit langem befürchteten, bestätigte sich nun: Die Sowjetunion setzte ihre aggressive Expansionspolitik fort, und vielleicht war Westdeutschland das nächste Ziel. Um das zu verhindern, waren die USA bereit, ihre militärische Präsenz in Europa zu verstärken. Aber die Bundesrepublik sollte »einen wirkungsvollen militärischen Beitrag« zu seiner und Westeuropas Verteidigung leisten.

Eine neue deutsche Armee! Allein die Vorstellung bereitete vielen Menschen in den Nachbarstaaten großes Unbehagen, ganz besonders in Frankreich. Andererseits wollten die Regierungen, dass die Bundesrepublik sich an der Verteidigung gegen einen möglichen Angriff aus dem Osten beteiligte. Und ihnen war klar, dass die USA auf ihrer Forderung bestehen würden. Es galt also, eine Lösung für den Zielkonflikt – keine deutsche Armee einerseits, deutscher Verteidigungsbeitrag andererseits – zu finden. Da legte wiederum Jean Monnet einen Plan vor, den der französische Ministerpräsident René Pleven am 24. Oktober 1950 der Öffentlichkeit präsentierte. Der Plan sah eine »Europäische Verteidigungsgemeinschaft« (EVG) vor, in der die Streitkräfte der Mitgliedsstaaten unter einem einheitlichen Oberbefehl zusammengefasst werden sollten. Die deutsche Armee sollte sozusagen unter europäischer Kontrolle gehalten werden. Es dauerte rund eineinhalb Jahre bis aus diesem Plan nach unzähligen Verhandlungen ein Vertrag wurde. Doch die Mehrheit der französischen Nationalversammlung lehnte eine deutsche Aufrüstung ab. Außerdem war sie nicht bereit, die eigene Armee einem fremden Oberbefehl zu unterstellen. Frankreich war auf dem Weg zur Atommacht, und die eigenen Atomwaffen sollten nicht »europäisiert« werden. Damit war die EVG gescheitert.

Und nun?

Westliche Politiker nannten die französische Entscheidung eine Katastrophe mit unabsehbaren Folgen für Europa. Die Sowjetunion werde die Uneinigkeit des Westens freudig zur Kenntnis nehmen und zur Expansion geradezu ermuntert.

Zu langem Wundenlecken blieb also keine Zeit. Es musste möglichst schnell eine Ersatzlösung für die EVG gefunden werden. Da es mit der NATO seit 1949 ein westliches Verteidigungsbündnis unter amerikanischer Führung gab, bot sich an, darin alle militärischen Kräfte des Westens zu bündeln. Im September/Oktober 1954 kam es zu einer Neunmächtekonferenz in London (USA, Kanada, Großbritannien, Frankreich, Belgien, Niederlande, Luxemburg, BRD und Italien). Dabei wurde vereinbart, das Besatzungsstatut aufzuheben und die Bundesrepublik als gleichberechtigtes Mitglied in die NATO aufzunehmen. Sie durfte und sollte nunmehr eine eigene Armee aufbauen. Damit geschah genau das, was die französische Nationalversammlung unbedingt verhindern wollte. In Frankreich gab es nach wie vor viele kritische und ablehnende Stimmen. Doch ein Auseinanderbrechen des westlichen Bündnisses wollten die verantwortlichen Politiker nicht riskieren. Und so wurde die Bundesrepublik Deutschland zehn Jahre nach dem Zweiten Weltkrieg als souveräner Staat in die NATO aufgenommen.

Stalin hatte die Einbeziehung der Bundesrepublik in die NATO unbedingt verhindern wollen. Deswegen hatte er im März 1952 den drei Westmächten auch vorgeschlagen, die beiden deutschen Staaten zu einem neutralen Gesamtdeutschland unter alliierter Kontrolle zu vereinen. Ob dieses Angebot ernst gemeint war oder nur als taktisches Mittel diente, um eine weitere Westintegration der Bundesrepublik zu verhindern, war lange Zeit umstritten. Doch unabhängig davon, lehnten die Westmächte das Angebot ab.

Nur neun Tage nach dem Beitritt der Bundesrepublik in das westliche Verteidigungsbündnis reagierte die Sowjetunion am 14. Mai 1955 mit der Gründung eines eigenen Militärbündnisses. Dem sogenannten »Warschauer Pakt« gehörten neben ihr selbst Albanien, Bulgarien, Polen, Rumänien, Tschechoslowakei und Ungarn an. In den Monaten danach stellte die Deutsche Demokratische Republik erste Einheiten der »Nationalen Volksarmee« auf; sie trat dem Pakt 1956 bei.

Die Luftaufnahme zeigt die fast fertige Mauer vor dem Brandenburger Tor in Berlin. In der DDR wurde sie offiziell als »antifaschistischer Schutzwall« bezeichnet.

Die beiden Blöcke standen sich unversöhnlicher denn je gegenüber. Auf beiden Seiten wurde massiv aufgerüstet, und bald verfügten die beiden Supermächte über so viel Atomwaffen, dass sie damit jedes Land der Erde hätten mehrfach zerstören können. Man sprach deshalb von einem »Gleichgewicht des Schreckens«, das sowohl die USA als auch die Sowjetunion von militärischen Aktionen gegeneinander abhielt.

Mitten durch Europa verlief nun eine politische Grenze, die Winston Churchill einen »Eisernen Vorhang« nannte. Zum Sinnbild für diese Grenze wurde die Mauer, die die DDR-Führung im August 1961 bauen ließ, um die eigenen Bürger an der Flucht in den Westen zu hindern. Nichts zeigte die tiefe Spaltung Europas deutlicher als diese Mauer.

48. Die Europäische Wirtschaftsgemeinschaft

Das Scheitern der EVG bedeutete für das »Projekt Europa« einen herben Rückschlag. Doch die überzeugten Europäer in allen Ländern ließen sich von ihrem Weg nicht abbringen. Treibende Kraft war weiterhin Jean Monnet. Nach Differenzen mit der französischen Regierung trat er als Präsident der Montanunion zurück und gründete ein »Aktionskomitee für die Vereinigten Staaten von Europa«. Darin versammelte er Spitzenfunktionäre europäischer Parteien und Gewerkschaften, um mit ihnen neue Pläne zu schmieden und Konzepte zu erarbeiten. Sie schlugen vor, ähnlich der Kohle- und Stahlproduktion auch andere Wirtschaftsbereiche zu europäisieren. Ebenso die friedliche Nutzung der Atomenergie, in der Monnet eine großartige Möglichkeit sah, den steigenden Energiebedarf Europas auf preiswerte Art zu decken und von Ölimporten unabhängiger zu werden.

Monnet suchte einen angesehenen Politiker, der bereit war, diese Pläne voranzutreiben, und fand ihn im belgischen Außenminister Paul-Henri Spaak (1899–1972). Der spielte sozusagen die Rolle, die Schumann in der Vorbereitungsphase für die Montanunion gespielt hatte. Am 2. April 1955 schrieb Spaak einen Brief an seine fünf Kollegen in den Montanunion-Ländern. Darin regte er eine Konferenz an, um das »Projekt Europa« wieder in Schwung zu bringen, und verwies auf die von Monnet entwickelten Pläne. Die Reaktionen in Paris und Bonn fielen sehr zückhaltend aus. Die staatlich gehätschelte französische Wirtschaft befürchtete, in einem europäischen Markt nicht konkurrenzfähig zu sein. Der deutsche Wirtschaftsminister Ludwig Erhard wollte die Wirtschaft sich möglichst frei entfalten lassen. Seine Sorge war, dass sich europäische Behörden zu sehr einmischen und die Wirtschaft bürokratisieren könnten. Auch die Idee einer Atomgemeinschaft wurde in den sechs Ländern unterschiedlich aufgenommen. Obwohl es also mehr oder weniger starke Bedenken gab, nahmen Vertreter aller sechs Regierungen zwei Monate später an der Konferenz in Messina teil. Und zur Überraschung aller verlief sie positiver als erwartet, die Teilnehmer bewegten sich in wichtigen Fragen aufeinander zu. Der Zeitpunkt sei gekommen, »beim Aufbau Europas eine neue Etappe einzuleiten«. Die sechs Regierungen, so erklärte man, »erachten es als notwendig, die Schaffung eines Vereinigten Europas durch den Ausbau der gemeinsamen Institutionen, durch die schrittweise Fusion der nationalen Wirtschaften, durch die Schaffung eines gemeinsamen Marktes und durch die schrittweise Koordination ihrer Sozialpolitik fortzusetzen«.

Nun ist es eine Sache, solche wohlklingenden Erklärungen zu formulieren, und eine ganz andere, sie in praktikable und für alle akzeptable Vereinbarungen umzusetzen. Das war die Aufgabe einer Expertenkommission mit Paul-Henri Spaak als Vorsitzendem. Dass diese Kommission das schaffte, war ein weiterer Meilenstein in der europäischen Geschichte – manche sprachen gar von einem Wunder.

Am 25. März 1957 fand in Rom die feierliche Unterzeichnung der Verträge über die Gründung der »Europäischen Wirtschaftsgemeinschaft« (EWG) und der »Europäischen Atomgemeinschaft« (EURATOM) statt. Letztere erfüllte die hohen Erwartungen Monnets und Spaaks nicht; dafür wurde der EWG-Vertrag zu einem stabilen Fundament für das zu errichtende europäische Haus. Kernstück war die Zollunion mit möglichst ungehindertem Verkehr von Waren, Kapital und Arbeit innerhalb der Mitgliedsländer und einer gemeinsamen Zollgrenze nach außen. Die sollte stufenweise in einer Übergangszeit von 12 bis 15 Jahren hergestellt werden. Der gemeinsame Markt sollte auch die Landwirtschaft und den Handel mit landwirtschaftlichen Produkten umfassen. Um Standortnachteile zu vermeiden oder auszugleichen, sollten die Wirtschaftspolitiken der sechs Länder koordiniert und gemeinsame Wettbewerbsregeln aufgestellt werden.

Der belgische Sozialist Paul-Henri Spaak (1899–1972) war ein Europäer der ersten Stunde. Mehrfach wurde er in wichtige Ämter gewählt und trug wesentlich zum Gelingen des »Projekts Europa« bei.

Die Organe der EWG waren de-

Unterzeichnung der Römischen Verträge am 25. März 1957.
Fünfter von links ist der deutsche Bundeskanzler Konrad Adenauer.

nen der Montanunion ziemlich ähnlich – mit einem wesentlichen Unterschied: Die Hohe Behörde, die nun Kommission genannt wurde, musste Kompetenzen an den Ministerrat abgeben, der zum letztlich entscheidenden Organ wurde. Die Kommission als eine Art europäische Regierung sollte die Interessen der Gemeinschaft vertreten, der Ministerrat die der Mitgliedsländer. Um die Ziele des EWG-Vertrages zu verwirklichen, waren sie aufeinander angewiesen.

Schneller als es selbst die kühnsten Optimisten erwartet hatten, zeigten sich die Erfolge der neuen Gemeinschaft. Von 1958 bis 1962 erhöhte sich das Bruttosozialprodukt der EWG um 21,5 % (gegenüber 11 % in Großbritannien und 18 % in den USA), die Industrieproduktion um 37 % (gegenüber 14 % in Großbritannien und 28 % in den USA). Die EWG mit ihren 170 Millionen Menschen wurde zum wichtigen Handelspartner der Welt.

Jean Monnets Methode erwies sich erneut als richtig: Die Vereinigten Staaten von Europa ließen sich nicht in einem großen Wurf schaffen, wie es Idealisten erträumten. Sie mussten Schritt für Schritt entstehen. Mit jedem erfolgreichen Schritt würden sich neue Perspektiven ergeben und der Begriff Europa bei den Menschen in Parlamenten, Behörden, Unternehmen und auf der Straße positiver besetzt. Das würde zu einem »spill-over«, also zu einem »Überschwappen« auf immer weitere Gesellschaftsschichten und immer neue Politikfelder führen.

Wie groß dieses Europa einmal sein würde, welche Länder dazu gehören und wie eng sie verzahnt sein würden, das ließ Monnet offen. Entscheidend war seiner Meinung nach der Prozess, nicht das Ziel. Der Prozess der schrittweisen Integration musste in Gang gehalten werden. Und der erfolgreiche Start der EWG war in diesem Prozess ungeheuer wichtig.

49. Europa der Vaterländer oder Vaterland Europa?

Die Gründungsmitglieder der EWG haben mehrfach versucht, Großbritannien für die gemeinsame Sache zu gewinnen. Doch wie schon bei der Montanunion lehnte London eine Teilnahme ab. Obwohl Winston Churchill als erster Politiker nach dem Krieg die Vereinigten Staaten von Europa gefordert hatte, war Großbritannien noch weit von Europa entfernt. Für die britische Politik standen die Beziehungen zu den Staaten, die zu ihrem *Empire* gehört hatten, an erster Stelle. Danach kamen die sogenannten *special relationships*, die besonderen Beziehungen zu den USA. Und erst mit einigem Abstand folgte Europa. Doch in der zweiten Hälfte der fünfziger Jahre war nicht mehr zu übersehen, dass das *Britische Empire* zerfiel und die besonderen Beziehungen zu den USA brüchig wurden. Da schien es der britischen Regierung ratsam, sich Europa zu nähern. Ein Beitritt zur EWG kam allerdings nicht in Frage, weil Großbritannien keine nationalen Kompetenzen an übernationale Institutionen abgeben wollte. Stattdessen schlug die Regierung vor, eine große Freihandelszone zu schaffen, in der die Handelsbeziehungen aller OEEC-Staaten liberalisiert werden sollten. Dafür waren die EWG-Staaten nicht zu gewinnen, weil das ein Rückschritt im Integrationsprozess gewesen wäre. Daraufhin gründeten Großbritannien, Dänemark, Norwegen, Österreich, Schweden und die Schweiz eine »Europäische Freihandelszone« (EFTA).

So gab es in Westeuropa ab 1960 zwei konkurrierende Wirtschaftsbündnisse. Im täglichen Handel war von einer Konkurrenz allerdings wenig zu spüren. Die Mitglieder der EFTA betrieben einen regeren Handel mit den EWG-Ländern als innerhalb ihres eigenen Bündnisses. Und bald zeigte sich, dass die EWG das erfolgreichere und zukunftsträchtigere Modell darstellte. Trotzdem ging der Integrationsprozess nicht reibungslos weiter. Vor allem der französische Präsident Charles de Gaulle (1890–1970) wurde zum Bremsklotz. In seinem Weltbild waren die Nationalstaaten noch auf lange Zeit die Akteure der internationalen

Politik. Deswegen sah er seine erste Pflicht darin, die Stellung Frankreichs zu festigen und auszubauen, um mit den Supermächten in Augenhöhe verkehren zu können. Soweit das Zusammengehen der westeuropäischen Staaten diesem Ziel nicht schadete oder ihm gar nützte, war de Gaulle auch Europäer. Aber seine Vorstellung von Europa hatte wenig mit der von Monnet und anderen »Gründungsvätern« gemein. Vereinigte Staaten von Europa mit weitreichenden Kompetenzen für Parlament und Kommission lehnte er ab. Für ihn kam nur ein »Europa der Vaterländer« in Frage, ein Staatenbund, in dem die Mitglieder zwar möglichst eng zusammenarbeiten sollten, aber souverän blieben.

Vor allem die kleineren EWG-Länder waren mit de Gaulles Politik nicht einverstanden. Sie wollten die europäische Integration weiter treiben. Deswegen begrüßten sie es, als Großbritannien 1961 erstmals einen Antrag auf Mitgliedschaft in der EWG stellte. Doch der französische Präsident legte sein Veto ein. Für ihn war Großbritannien das »Trojanische Pferd« der Amerikaner; er behauptete, die Briten wollten der EWG nur beitreten, um sie von innen heraus zu zerstören.

Ähnliches unterstellte er vermutlich dem neuen amerikanischen Präsidenten John F. Kennedy, der im Juli 1962 einen »Großen Entwurf«, präsentierte. Darin schlug er vor, die Vereinigten Staaten von Amerika und die zukünftigen Vereinigten Staaten von Europa – einschließlich Großbritannien! – sollten eine »atlantische Partnerschaft« bilden. Die Mitglieder sollten in politischer, wirtschaftlicher, sozialer und kultureller Hinsicht völlig gleichberechtigt sein – mit nur einer Ausnahme: bei den Atomwaffen. Warum, so fragte Kennedy, sollten die Europäer viel Mühe und Geld dafür verschwenden, wenn die USA für den atomaren Schutz aller Partner sorgen könnten?

Diesen »Großen Entwurf« zerriss de Gaulle sozusagen in der Luft. Erneut lehnte er die Aufnahme Großbritanniens in die EWG ab; das Land sei noch nicht reif dafür. Dann machte er klar, dass Frankreich eigene Atomwaffen herstellen werde, über die es nicht die NATO und schon gar nicht die USA bestimmen lasse. »Ich wiederhole, was ich schon oft gesagt habe: Frankreich ist daran gelegen, seine eigene nationale Verteidigung zu haben.«

De Gaulle boykottierte alle Versuche, Frankreich enger in europäi-

Der junge amerikanische Präsident John F. Kennedy (1917–1963) erläuterte bei einer Rede im Juli 1962 seinen »Großen Entwurf«.

sche oder atlantische Gemeinschaften einzubinden, und setzte stattdessen zunehmend auf mehr Zusammenarbeit mit der Bundesrepublik Deutschland. Adenauer war skeptisch, weil er die Beziehungen zu den anderen europäischen Staaten und zu den USA nicht belasten wollte. Doch schließlich stimmte er zu, weil ihm die deutsch-französische Aussöhnung sehr am Herzen lag. Am 22. Januar 1963 wurde der »Französisch-Deutsche Freundschaftsvertrag« unterzeichnet. Er sah und sieht gegenseitige Konsultationen in allen wichtigen Fragen der Außen-, Verteidigungs- und Wirtschaftspolitik vor; außerdem eine engere Zusammenarbeit in kulturellen Angelegenheiten und im Jugendaustausch.

Die anderen vier EWG-Länder kritisierten das »Sonderbündnis« heftig. Sie waren enttäuscht von Adenauer, der sich ihrer Meinung nach »vor de Gaulles Karren spannen ließ«, und sahen in der »Achse Paris-Bonn« eine Gefahr für den europäischen Integrationsprozess. Mit viel diplomatischem Geschick gelang es, die Wogen etwas zu glätten. Dennoch stockte der Ausbau Europas in den sechziger Jahren.

1967 stellte Großbritannien den zweiten Beitrittsantrag, der erneut am Veto de Gaulles scheiterte. Erst unter seinem Nachfolger Georges Pompidou änderte sich die französische Haltung langsam. Und auf einem Gipfeltreffen in Den Haag im Dezember 1969 beschlossen die sechs EWG-Mitglieder, Verhandlungen mit den beitrittswilligen Regierungen Großbritanniens, Irlands, Dänemarks und Norwegens aufzunehmen. Die Bürger in diesen Ländern mussten von der Notwendigkeit eines Beitritts erst noch überzeugt werden, was der Regierung in Norwegen nicht gelang. Dort stimmte die Mehrheit dagegen. So wurde die EWG 1973 nicht um vier, sondern nur um drei Länder erweitert.

Bundeskanzler Konrad Adenauer beim französischen Staatspräsidenten Charles de Gaulle in Paris am 9. Februar 1961

Trotz der nicht erwarteten Ablehnung Norwegens gingen die politischen Kräfte in Europa davon aus, dass die EWG weitere Länder aufnehmen würde. 1981 war es dann so weit: Griechenland wurde Mitglied. Ihm folgten 1986 Spanien und Portugal. Damit hatte sich die Mitgliederzahl der Gemeinschaft seit ihrer Gründung verdoppelt – und mit der Zahl wuchsen auch die Probleme. So erwarteten die südeuropäischen Staaten Geld aus der EWG-Kasse, um ihre vergleichsweise unterentwickelten Wirtschaften wettbewerbsfähig zu machen. Die Agrarpolitik mit ihren Subventionstöpfen wurde zum ständigen Konfliktherd. Weil Entscheidungen nur im Konsens getroffen werden konnten, blockierten einzelne Mitglieder – allen voran Großbritannien mit seiner konservativen Premierministerin Margaret Thatcher – öfter eine gemeinsame Politik, was die Gemeinschaft zeitweise lähmte. Das führte auch dazu, dass Europa nach außen nicht mit einer Stimme sprechen konnte. Von der amerikanischen Regierung war zu hören, man wisse nicht, welche Nummer man wählen solle, um mit Europa zu sprechen. Dieser süffisante Kommentar kennzeichnete treffend den Zustand der europäischen Politik, und allen Beteiligten war klar, dass sich daran etwas ändern musste.

Margaret Thatcher war von 1979 bis 1990 britische Premierministerin. Sie wurde »Eiserne Lady« genannt und trotzte den Regierungschefs der EWG immer wieder Sonderbedingungen für Großbritannien ab.

50. Auf dem Weg zu den Vereinigten Staaten von Europa

Auch während der schwierigen Jahre hatten überzeugte Europäer Pläne geschmiedet. So sollte bis 1992 ein einheitlicher Binnenmarkt geschaffen werden mit voller Freizügigkeit für Personen, Dienstleistungen, Güter und Kapitalverkehr. Damit dieser große Wirtschaftsraum möglichst reibungslos funktionieren könne, sei eine einheitliche Währung notwendig. Während der Planungsphase dieser Wirtschafts- und Währungsunion veränderte sich die weltpolitische Lage grundlegend.

Im März 1985 war der junge Michail Gorbatschow in Moskau an die Macht gekommen. Anders als seine Vorgänger war er überzeugt, dass die kommunistischen Staaten reformiert werden mussten, wenn sie eine Zukunft haben wollten. »Perestroika« (»Umgestaltung«, »Erneuerung«) und »Glasnost« (»Offenheit«, »Transparenz«) hießen die Schlagworte, die damals um die Welt gingen. Allerdings steckte Gorbatschow in einem Dilemma: Er wollte das Land durch eine »Revolution von oben« modernisieren und liberalisieren, ohne jedoch den Führungsanspruch der Kommunistischen Partei und die staatliche Kontrolle der Wirtschaft aufzugeben. Dagegen wurden bald kritische Stimmen laut, die weitergehende Reformen verlangten. Schneller als das irgendjemand für möglich gehalten hätte, fiel das Machtmonopol der Kommunistischen Partei.

In Polen hatten Danziger Werftarbeiter 1980 mit Unterstützung der katholischen Kirche die unabhängige Gewerkschaft »Solidarnocs« gegründet. Sie wollten christliche und sozialistische Ideen verbinden und eine humanere Gesellschaft aufbauen. »Solidarnocs« wurde zwar von der Regierung verboten, arbeitete jedoch im Untergrund weiter. Im Frühjahr 1989 war die Bewegung so stark, dass die Regierung ihre Vertreter am »Runden Tisch« empfangen musste. Diese Gespräche führten im Sommer zu freien Wahlen, aus denen die erste Mehrparteienregierung in ei-

Lech Walesa – hier als Redner – arbeitete als Elektriker auf der Lenin-Werft in Danzig. Im August 1980 stand er an der Spitze einer Streikbewegung, aus der die Gewerkschaft *Solidarnosc* hervorging. Dass er zehn Jahre später frei gewählter polnischer Staatspräsident würde, hätte er sich damals sicher nicht träumen lassen.

nem kommunistischen Staat hervorging. Ein Mitglied der »Solidarnocs«, Tadeusz Mazowiecki, wurde Ministerpräsident. Das Beispiel Polens ermutigte die bislang unterdrückten Oppositionsgruppen in Ungarn und in der Tschechoslowakei, nun ebenfalls Reformen zu verlangen.

Die kommunistischen Machthaber mussten nach und nach demokratisch gewählten Regierungen weichen. Am längsten und heftigsten wehrte sich die DDR-Führung gegen jede Reform. »Den Sozialismus in seinem Lauf hält weder Ochs noch Esel auf!«, verkündete der Staats- und Parteichef Erich Honecker 1989 noch kurz vor seinem Sturz. Er wollte nicht sehen, dass sich das sozialistische Lager um ihn herum auflöste. Doch den Lauf der Dinge konnte auch der bis zuletzt uneinsichtige Honecker nicht aufhalten. Im Herbst 1989 zogen überall in der DDR mächtige Demonstrationszüge durch die Städte, forderten Freiheit und Demokratie.

Honecker wurde von seinen Genossen abgesetzt, und am Abend des 9. November 1989 gab die neue Führung dem Volkswillen nach: Die

Grenzübergänge nach West-Berlin wurden geöffnet, Deutsche aus Ost und West feierten ein Fest, wie in Deutschland noch keines gefeiert worden war.

Michail Gorbatschow aber, dessen Politik das alles zu verdanken war und der dafür in aller Welt gefeiert wurde, bekam im eigenen Land immer größere Probleme. Am 19. August 1991 gab es gar einen Putsch von Reformgegnern aus Armee und Partei. Sie nahmen Gorbatschow gefangen und zogen 3500 Panzer um Moskau zusammen. Durch das entschlossene Handeln der demokratischen Kräfte mit dem russischen Präsidenten Boris Jelzin an der Spitze scheiterte der Umsturzversuch. Jelzin wurde zum neuen starken Mann, setzte das Verbot der Kommunistischen Partei in Russland durch und erklärte die russische Republik für souverän. Diesem Beispiel folgten die anderen Republiken; damit war die »Union der Sozialistischen Sowjetrepubliken« faktisch aufgelöst.

Michail Gorbatschow und Erich Honecker während der Feierlichkeiten zum 40. Jahrestag der DDR. Hier sagte Gorbatschow den später viel zitierten Satz: »Wer zu spät kommt, den bestraft das Leben.«

Nach der Öffnung der DDR-Grenze am 9. November 1989 feierten die Menschen auf der Berliner Mauer.

Gorbatschow, der vergeblich versucht hatte, den Zerfall zu verhindern, trat als Staatspräsident zurück. Am 31. Dezember 1991 hörte die UdSSR offiziell auf zu existieren. Ihre Stelle in der Weltpolitik nahm ihr größter Teilstaat, das neue Russland, ein.

Nachdem der »Eiserne Vorhang« zwischen Ost- und Westeuropa gefallen war, stellte sich auch die »deutsche Frage« neu. »Jetzt wächst zusammen, was zusammengehört«, hatte der frühere Bundeskanzler Willy Brandt nach dem Fall der Berliner Mauer gesagt und damit vielen Menschen in beiden Teilen Deutschlands aus dem Herzen gesprochen. Die Nachbarländer waren von einem zusammenwachsenden und damit mächtigeren Deutschland allerdings nicht begeistert. Vor allem Frankreich und Großbritannien befürchteten, dass sich die Kräfteverhältnisse in Europa zu ihren Ungunsten verschieben würden. Bundeskanzler Helmut Kohl bemühte sich, die Bedenken der Partner auszuräumen, indem er erklärte, ein »Viertes Reich«, das zuweilen als Gespenst durch die Medien in verschiedenen Ländern geisterte, werde es nicht geben. Die deutsche Wiedervereinigung solle nicht auf Kosten des europäischen Integrationsprozesses gehen, sondern ihn stärken. Um seinen Worten Nachdruck zu verleihen und der Welt zu signalisieren, dass sie vor dem größeren Deutschland keine Angst zu haben brauchte, forcierte Kohl die »Europäisierung«. Zusammen mit dem französischen Präsidenten François Mitterrand wurde er zur treibenden Kraft.

Im Dezember 1991 beschlossen zwölf Staats- und Regierungschefs in Maastricht, die Europäische Gemeinschaft zur Europäischen Union weiterzuentwickeln. Die vor allem wirtschaftlich orientierte Gemeinschaft sollte sich schrittweise zu einer politischen Union entwickeln, der europäische Binnenmarkt sollte zu einer Wirtschafts- und Währungsunion mit einer Europäischen Zentralbank und einer gemeinsamen Währung ausgebaut werden. Dann wollte man eine gemeinsame Außen- und Sicherheitspolitik einleiten mit dem Ziel, irgendwann eine europäische Armee zu bilden. Auch in der Innen- und Rechtspolitik sollten Regelungen für eine engere Verzahnung geschaffen werden. Weil dies alles einen Verzicht auf Souveränitätsrechte und Selbständigkeit bedeutete, gab es darüber in allen Ländern intensive Diskussionen. Die Dänen lehnten den Vertrag in einer Volksabstimmung mit knapper Mehrheit gar ab, womit er praktisch schon gescheitert war. Erst nach weiteren mühseligen Verhandlungen und Zugeständnissen stimmten in einem zweiten Referendum 56,8 % der Dänen doch noch zu, und die Maastrichter Verträge konnten am 1. November 1993 in Kraft treten.

Im Grundsatz sind sich die Staaten also weitgehend einig: Am Ende des Prozesses sollen die Vereinigten Staaten von Europa stehen. Auf welchen Wegen und vor allem in welcher Zeit dieses Ziel angestrebt werden soll, darüber gibt es allerdings unterschiedliche Vorstellungen. Und noch scheuen sich die nationalen Regierungen und Parlamente, dem Europäischen Parlament und der Kommission weitreichende Kompetenzen zu geben; noch wollen sie, wenn auch abgestimmt mit den Partnern, selbst die Richtlinien ihrer Politik bestimmen.

Am 1. Januar 1995 traten mit Finnland, Österreich und Schweden drei weitere Staaten der EU bei. Von den nunmehr 15 EU-Staaten führten elf am 1. Januar 1999 die neue Währung, den Euro, ein – zunächst allerdings nur als Rechnungseinheit. In den Händen halten konnte man das neue Geld erst drei Jahre später. Obwohl die Umstellung am 1. Januar 2002 problemlos klappte, trauerten viele Menschen in Europa ihren bisherigen Münzen und Scheinen nach. Besonders verständlich ist das bei den Ostdeutschen, mussten sie sich doch zum zweiten Mal innerhalb von zwölf Jahren umstellen und an neues Geld gewöhnen; die Westdeutschen vermissten ihre stabile D-Mark und klagten bald lautstark über den »Teuro«.

Neben der gemeinsamen Währung sollte eine Verfassung zum Fundament für das »europäische Haus« werden. Ein Konvent wurde gebildet und bekam die Aufgabe, diese Verfassung auszuarbeiten. Doch bald zeigte sich, dass das leichter gewollt als getan war. Die erste Regierungskonferenz über den Verfassungsentwurf scheiterte im Dezember 2003, weil die Vorstellungen von Großen und Kleinen, Armen und Reichen, Kern-Europäern und Neumitgliedern

Das neue Geld

Sitzung des Europäischen Parlaments in Straßburg am 16. Januar 1995

in wichtigen Fragen zu unterschiedlich waren. Also musste der Konvent den Entwurf überarbeiten.

Am 1. Mai 2004 nahm die EU mit Polen, Tschechien, Ungarn, Slowakei, Slowenien, Litauen, Lettland, Estland, Malta und dem türkischen Teil Zyperns zehn neue Mitglieder auf. Fünfzehn Jahre nach dem Fall der Mauer und des Eisernen Vorhangs beendete diese sogenannte »Osterweiterung« endgültig die Spaltung Europas, die seit 1945 bestanden hatte. Am 1. Januar 2007 kamen mit Bulgarien und Rumänien zwei weitere Länder des europäischen Ostens hinzu.

Damit umfasst die Europäische Union einen Wirtschaftsraum mit 480 Millionen Menschen und verfügt über eine weit größere Bevölkerung als die USA mit 280 Millionen. Und schon stehen mit Kroatien, der Türkei und Mazedonien weitere Beitrittskandidaten bereit. Welche

Länder wann aufgenommen werden, hängt von den jeweiligen wirtschaftlichen und politischen Zuständen ab. Ziel der EU ist es, Demokratie und Marktwirtschaft nach Osten und Südosten auszudehnen, nicht zuletzt, um die politische Stabilität in diesen Regionen zu fördern.

Im Juni 2004 durften die Bürgerinnen und Bürger des erweiterten Europa ihr Parlament wählen. Dieses Recht nahmen insgesamt nur 43 % wahr – wobei die Wahlbeteiligung in den zehn neuen Ländern deutlich unter der in den alten lag. Auffallend war, dass in den allermeisten Ländern die Regierungsparteien abgestraft wurden und die Parteien, die als Kritiker der EU auftraten, erstaunlich viele Stimmen erhielten. Bei den Menschen in Europa gibt es also noch große Vorbehalte gegen die Europäische Union.

Wenige Tage nach der Wahl trafen sich die 25 Staats- und Regierungschefs, um den vom Verfassungskonvent vorgelegten überarbeiteten Entwurf zu beraten. Nach langen Diskussionen einigten sie sich auf den kleinsten gemeinsamen Nenner, um ein erneutes Scheitern zu verhindern. Erstmals gelten gemeinsame Grundrechte für alle Menschen in der EU. Das Parlament erhält mehr Kompetenzen, darf aber nach wie vor nicht die Kommission bilden. Den Kommissionspräsidenten und die Kommissare berufen die Regierungen der Länder.

Heftig umstritten war auch das Abstimmungsverfahren, weil die großen Länder ihren Einfluss behalten, die kleinen aber nicht nur mitstimmen, sondern mitbestimmen wollen. Entsprechend kompliziert klingt die Kompromissformel der »doppelten Mehrheit«: Ein Beschluss wird gefasst, wenn 55 % der Mitgliedsländer oder mehr, mindestens aber 15 Länder zustimmen. Diese müssen außerdem mindestens 65 % der Bevölkerung repräsentieren. Mindestens vier Länder sind nötig, um einen Beschluss zu blockieren.

Neu eingeführt wird das Amt des Außenministers, der eine europäische Außen- und Sicherheitspolitik formulieren und praktizieren soll. Er ist gleichzeitig Vizepräsident der Kommission und damit zweitmächtigster Mann in der EU.

Über diese Verfassung müssen die Parlamente der Mitgliedsländer bis spätestens 2007 abstimmen; erst wenn sie von allen ratifiziert wurde, kann sie in Kraft treten. Dass es so weit kommen wird, bezweifelten viele Kritiker von Anfang an. Seit dem Mai 2005 sehen sie sich bestätigt; Franzosen und Niederländer lehnten in Volksabstimmungen die Verfassung ab. Dabei ging es weniger um deren Inhalte, sondern mehr um eine allgemeine Unzufriedenheit mit der Entwicklung der EU. Eine entscheidende Rolle für das »Non« der Franzosen und das »Nee« der Niederländer spielte die Angst vor einer übermächtigen europäischen Bürokratie und vor einem Europa, das durch zu viele Mitgliedsstaaten nationale Eigenheiten und Identitäten bedroht.

Unter juristischen Gesichtspunkten war das Verfassungsprojekt mit der Ablehnung durch zwei EU-Mitglieder eigentlich schon gescheitert. Um aus dem »eigentlich« nicht ein »endgültig« werden zu lassen, trafen sich die EU-Staats- und Regierungschefs am 17. Juni 2005 in Brüssel. Sie vereinbarten, an dem Ziel der gemeinsamen Verfassung festzuhalten, zunächst aber eine »Denkpause« einzulegen. In dieser Zeit sollen Fachleute nach Möglichkeiten suchen, wie die Verfassung doch noch in

In diesem imposanten Gebäude in Brüssel hat die Kommission der Europäischen Union ihren Sitz.

Kraft treten kann. Ein Jahr später fand das nächste Gipfeltreffen in Brüssel statt. Doch die Vorschläge der Fachleute überzeugten die Staats- und Regierungschefs noch nicht. Sie beschlossen einen neuen »Fahrplan zur Rettung der Verfassung«: Spätestens bis Ende 2008 sollen nun alle Fragen geklärt und alle rechtlichen Probleme gelöst sein. Dann soll die Verfassung im Jahr 2009 in Kraft treten. Damit die Bürger den Politikern nicht wieder einen Strich durch die Rechnung machen, sollen die Feierlichkeiten anlässlich des 50. Jahrestages der Römischen Verträge im März 2007 zur »emotionalen Werbung für Europa« genutzt werden, so EU-Kommissionspräsident Barroso. Ob das reicht, um die Bedenken vieler Bürgerinnen und Bürger zu zerstreuen, wird sich zeigen. Jedenfalls müssen sich die Politiker kräftig anstrengen, damit das europäische Haus endlich ein tragfähiges Verfassungsfundament bekommt.

Die europäischen Staaten heute – eine kleine Länderkunde

I. Die Mitglieder der Europäischen Union:

Belgien Belgien ist eines der drei sogenannten Benelux-Länder und Gründungsmitglied der Montanunion sowie der EWG. Es hat rund zehn Millionen Einwohner, von denen 57 % Flamen und 32 % Wallonen sind. Zwischen den niederländisch orientierten Flamen und den französisch orientierten Wallonen kam es in der nicht ganz 200-jährigen Geschichte des Landes immer wieder zu Konflikten. Um sie zu entschärfen, erhielten Flamen, Wallonen und die kleine deutschsprachige Gruppe 1970 als »Sprachengemeinschaften« zunächst auf kulturellem Gebiet mehr Rechte. Danach wurde der Einheitsstaat Schritt für Schritt in einen Bundesstaat umgewandelt, mit eigenen Parlamenten und Regierungen in den »Regionen« Flandern und Wallonien (wobei die deutschsprachigen Gebiete Wallonien zugeordnet wurden). 1989 erhielt die zweisprachige Hauptstadt Brüssel den Status einer dritten Region. Mit der Verfassungsreform von 1994 wurden die drei Regionen weiter gestärkt. Seither gibt es ein sorgfältig ausgestaltetes System der Machtbalance zwischen dem Bund und den Regionen. Allein ist der Bund nur noch für die Steuer-, Außen- und Sicherheitspolitik zuständig. Alle anderen Angelegenheiten werden gemeinsam entschieden.

Belgien ist eine parlamentarische Monarchie. Die Hauptstadt Brüssel ist zugleich die »heimliche Hauptstadt Europas«. Hier sitzt die Kommission mit dem riesigen Verwaltungsapparat der EU.

Die Belgier sind überwiegend katholisch, und fast alle leben in Städten. Belgien ist eines der am dichtesten besiedelten Länder Europas und hat eine hervorragende Infrastruktur. Mit etwa 26 000 US$ Bruttoinlandsprodukt pro Einwohner (BIP/Einw.)* gehört das Land zum ersten Viertel der EU.

* Das Bruttoinlandsprodukt gibt den Wert aller Waren und Dienstleistungen an, die innerhalb eines Jahres produziert wurden. Es ist ein Maß für die wirtschaftliche Leistung eines Landes. Das Bruttoinlandsprodukt pro Einwohner wird meistens in US$ – US-Dollar – angegeben.

Bulgarien Das Land gehört seit dem 1. Januar 2007 zur EU und ist zusammen mit Rumänien das jüngste Mitglied. Im Vorfeld des Beitritts gab es kritische Stimmen, die bezweifelten, dass die beiden Länder schon reif für die EU seien. Auch die Kommission sah noch Defizite bei der Bekämpfung von organisierter Kriminalität und Korruption und forderte eine umfassende Justizreform. Obwohl trotz einiger Fortschritte nicht alle Auflagen erfüllt wurden, sprachen sich die Mitgliedsstaaten schließlich doch für den Beitritt aus.

Das Land war im Mittelalter eine starke Macht auf dem Balkan, wurde dann aber seit dem 14. Jahrhundert durch eine lange Periode türkischer Herrschaft geprägt. An vielen Bauwerken und manchen Stadtteilen ist das noch heute zu erkennen. Erst 1908 erlangte Bulgarien seine volle Unabhängigkeit und wurde eine konstitutionelle Monarchie. Nach dem Zweiten Weltkrieg geriet das Land unter sowjetischen Einfluss und blieb es mehr als vierzig Jahre lang. Während in anderen Ostblockstaaten Millionen Menschen im Herbst 1989 für Freiheit und Demokratie demonstrierten, war es in Bulgarien ungewöhnlich ruhig. Und auch nach dem Ende der sowjetischen Vorherrschaft verlief der Übergang zu einem freiheitlich-demokratischen Staat zäh. Noch kämpften die Kommunisten um Macht und Einfluss. Die Reform der verstaatlichten Wirtschaft ließ länger als anderswo auf sich warten. Die neue sozialistische Regierung unterstützte weiterhin verlustreiche Staatsbetriebe. Das führte 1996 zum wirtschaftlichen Zusammenbruch. Erst danach kam es zu durchgreifenden Reformen und in der Folge zu mehr Wachstum. Trotzdem gehört Bulgarien zu den ärmsten nachkommunistischen Ländern. Mit einem BIP/Einw. von 2700 US$ ist es momentan das Schlusslicht in der EU.

Heute ist das Land eine funktionierende parlamentarische Demokratie mit Sofia als Hauptstadt. Von den 7,8 Millionen Einwohnern sind rund 85 % orthodoxe Christen und 13 % Muslime.

Dänemark Im Gegensatz zu den Benelux-Ländern, die nach dem Krieg zu den treibenden Kräften der europäischen Integration gehörten, gab es bei den skandinavischen Ländern lange Zeit Vorbehalte. Sie schufen den modernen Wohlfahrtsstaat und waren stolz auf das »skandinavische Modell«.

Als erstes Land trat Dänemark 1973 der EG bei. Dass sich die Dänen mit Europa auch danach schwertaten, zeigte sich bei der ersten Direktwahl zum Europäischen Parlament 1979: Die Wahlbeteiligung von 47 % war nach der in Großbritannien die niedrigste aller EG-Staaten. Den Maastrichter Verträgen stimmten die Dänen nur zu, nachdem ihnen unter anderem erlaubt wurde, ihre Dänische Krone als Währung zu behalten. Auch gegen die geforderte Öffnung der Grenzen innerhalb der EU sträubte sich Dänemark, und bis heute gibt es an dänischen Grenzen Kontrollen.

Dänemark ist eine parlamentarische Monarchie mit Kopenhagen als Hauptstadt. Von den 5,3 Millionen Einwohnern leben mehr als 80 % in Städten, davon rund ein Viertel im Großraum Kopenhagen. 90 % der Dänen sind Protestanten. Mit 39 500 US$ BIP/Einw. liegt das Land hinter Luxemburg an zweiter Stelle in der EU.

Zu Dänemark gehören die autonomen Provinzen Färöer Inseln und Grönland, die im Parlament durch je zwei Abgeordnete vertreten sind.

Deutschland Nach dem Zweiten Weltkrieg gab es zwei Deutschland: westlich des »Eisernen Vorhangs« die Bundesrepublik Deutschland, östlich die Deutsche Demokratische Republik. Die BRD wurde ins westliche Lager eingebunden, die DDR gehörte zum Machtbereich der Sowjetunion. Entsprechend unterschiedlich entwickelte sich das politische, wirtschaftliche und gesellschaftliche Leben. Die politischen Unterschiede verschwanden nach der Wiedervereinigung; für das ganze Deutschland gilt seither das Grundgesetz, das eine bundesstaatlich organisierte parlamentarische Demokratie vorschreibt.

Die wirtschaftlichen Unterschiede zwischen West- und Ostdeutschland waren nicht so einfach zu beseitigen, obwohl seit der Wiedervereinigung über eine Billion Euro für den »Aufbau Ost« in die neuen Bundesländer flossen. Diese ungeheuer große Summe verbesserte das Leben der Menschen zwar spürbar, reichte jedoch nicht aus, um Ostdeutschland in die »blühende Landschaft« zu verwandeln, von der Bundeskanzler Helmut Kohl vor der Wiedervereinigung gesprochen hatte. Noch immer ist die Arbeitslosigkeit im Osten prozentual mehr als doppelt so hoch wie im Westen. Das hat unter anderem dazu geführt, dass radikale Parteien bei Wahlen in den sogenannten neuen Bundesländern deutlich mehr Stimmen erhalten als in den alten.

Trotz mancher Probleme gehört Deutschland mit rund 30 000 US$ BIP/Einw. zu der Spitzengruppe in der EU. Mit mehr als 82 Millionen Einwohnern ist es bevölkerungsmäßig das größte und wirtschaftlich das stärkste Land in Europa. Jeweils ein Drittel der Bevölkerung gehört der katholischen oder der evangelischen Kirche an.

Im Einigungsvertrag vom 3. Oktober 1990 wurde Berlin zur deutschen Hauptstadt erklärt. Nach einer intensiv geführten öffentlichen Debatte beschloss der Bundestag zehn Monate später, Berlin auch zum Parlaments- und Regierungssitz zu machen.

Estland Die baltischen Staaten Estland, Lettland und Litauen sind seit der sogenannten Osterweiterung am 1. Mai 2004 Mitglieder der EU.

Das kleine Estland war im Lauf der Jahrhunderte überwiegend fremdbestimmt, zuletzt gehörte es bis 1990 zur Sowjetunion. Im August 1991 erklärte das erste frei gewählte Parlament das Land für unabhängig. Mit raschen und tiefgreifenden Reformen wurden die Grundlagen für einen demokratischen Staat mit marktwirtschaftlicher Ordnung geschaffen, wobei sich die Politiker stark an Deutschland orientierten.

Die Umgestaltung gelang ungewöhnlich schnell und führte zu einem stetigen Wachstum. Firmen, die ihre Gewinne wieder investieren, müssen keine Steuern bezahlen. Das lockt weitere Investoren an und sorgt für Wachstumsraten von fünf bis sechs Prozent. Trotz dieser Erfolge liegt das BIP/Einw. mit knapp 7000 US$ noch im unteren Viertel der EU.

Estland ist flächenmäßig eines der kleinsten Länder in der EU und hat 1,4 Millionen Einwohner, von denen mehr als die Hälfte in der Hauptstadt Tallinn und deren Einzugsgebiet leben. Mehrheitlich sind die Esten protestantisch.

»Wenn man ehrlich ist, dann sind wir vielleicht doch eher eine große Familie«, sagte Lennart Meri, der erste Präsident, über sein Volk.

Finnland Finnland stand in seiner Geschichte 600 Jahre unter schwedischer und 100 Jahre unter russischer Herrschaft.

1916 hatte das finnische Parlament als erstes in Europa eine sozialdemokratische Mehrheit, die das Land 1917 für unabhängig erklärte. Finnische Politiker behaupteten diese Unabhängigkeit danach mit allen Mitteln. Nach dem Zweiten Weltkrieg schafften sie es als einziger europäischer Nachbar der Sowjetunion, nicht ins kommunistische Lager gepresst zu werden. Fortan achtete Finnland auf seine Neutralität und pflegte gute Beziehungen zum Osten wie zum Westen – was in Zeiten des Kalten Krieges viel diplomatisches Geschick erforderte.

Nach dem Zusammenbruch der Sowjetunion wandte sich Finnland ganz dem Westen zu und wurde 1995 Mitglied der EU.

Die geografischen und klimatischen Bedingungen haben die Industrialisierung des Landes verzögert. Wie in den anderen skandinavischen Ländern begann sie erst in den 50er Jahren. Und seit den 80er Jahren entwickelt sich Finnland zu einer Dienstleistungsgesellschaft. Die wichtigsten finnischen Exportgüter stammen heute aus der High-Tech-Industrie, weshalb Finnland inzwischen nach dem bekannten Handy-Hersteller auch »Nokialand« genannt wird.

Das BIP/Einw. ist stetig gestiegen und liegt bei 31 600 US$.

Das Land hat 5,2 Millionen Einwohner, von denen rund 90 % Protestanten sind. Finnland ist seit 1917 eine parlamentarische Republik mit Helsinki als Hauptstadt. Neben Finnisch ist das in Teilen Südfinnlands gesprochene Schwedisch die zweite Amtssprache.

Frankreich Frankreich ist eine der großen Nationen in Europa. Seit der Revolution von 1789 betrachtet es sich selbst als das Land, das für Europa die Menschen- und Bürgerrechte erkämpft hat. Nach 1789 hat Frankreich zunächst viel mit Staats- und Regierungsformen experimentiert. Republiken und Monarchien wechselten sich mehrfach ab, bis sich die Republikaner 1870 endgültig durchsetzten.

1958 entwarf Charles de Gaulle eine Verfassung für die Fünfte Republik, in der die Stellung des Präsidenten deutlich gestärkt werden sollte. Diese Verfassung wurde durch eine Volksabstimmung angenommen. Seither wird der Präsident für sieben Jahre direkt vom Volk gewählt und ist der mächtigste Mann Frankreichs. Erster Präsident der Fünften Republik war de Gaulle, dessen vorrangiges Ziel es war, Frankreich die führende Rolle in Europa zu verschaffen.

Noch Anfang der 50er Jahre war Frankreich ein Agrar- und Kolonialstaat, der sich wenig um den europäischen Markt kümmerte. Doch dann veränderte sich das Land rasant und stieg in die Gruppe der zehn führenden Industrienationen in der Welt auf. Trotz aller Anstrengungen liegt das BIP/Einw. mit 29 000 US$ hinter dem in Deutschland, was wohl ein kleiner Stachel im Fleisch der Franzosen ist.

Frankreich ist ein katholisches Land mit rund 60 Millionen Einwohnern; 10 Millionen von ihnen leben im Großraum ihrer Haupt- und Weltstadt Paris.

Griechenland Europas Wiege steht in Griechenland; dennoch gehörte es nicht zu den Gründungsmitgliedern der Europäischen Gemeinschaft. Dafür war das Land nach dem Zweiten Weltkrieg viel zu sehr mit sich selbst beschäftigt. Einem Bürgerkrieg zwischen Anhängern der Sowjetunion und westlich orientierten Gruppen folgten lange innenpolitische Auseinandersetzungen, die 1967 in einem Militärputsch gipfelten. Sieben Jahre lebte Griechenland unter einer Militärdiktatur. 1974 gaben die Offiziere die Macht wieder in zivile Hände zurück; die Monarchie wurde per Volksabstimmung abgeschafft. Seither ist Griechenland eine parlamentarisch-demokratische Republik.

Über einen möglichen Beitritt zur EG wurde in der Bevölkerung und im Parlament lange und heftig gestritten. Das Land wollte seine Unabhängigkeit bewahren, aber gleichzeitig schielte man nach EG-Geldern, denn die wirtschaftliche Lage war alles andere als rosig. 1981 erfolgte schließlich der Beitritt, und seither ist Griechenland eines der Länder, die am meisten Zuschüsse aus den Gemeinschaftskassen erhalten.

EU-Mittel und hohe öffentliche Investitionen, zuletzt für die Olympischen Spiele 2004 in Athen, haben zu einem starken Wachstum geführt und die wirtschaftliche Lage deutlich verbessert. Trotzdem liegen die 16 500 US$ BIP/Einw. nur im Mittelfeld der EU.

Heute hat Griechenland 10,5 Millionen Einwohner, von denen 97 % griechisch-orthodoxe Christen sind. Auf jeden Griechen kommt im Durchschnitt pro Jahr ein Tourist; die Hauptstadt Athen ist eine der meistbesuchten Städte der Welt.

Großbritannien Die Namen Großbritannien und England werden häufig synonym verwandt; manchmal wird auch vom Vereinigten Königreich gesprochen. Schon daran zeigt sich, dass die Lage auf der Insel – genauer: auf den Inseln – ein wenig kompliziert ist.

Also: Das Vereinigte Königreich besteht aus Großbritannien und Nordirland. Zu Großbritannien gehören England, Schottland und Wales. Bis zum Beginn des 20. Jahrhunderts gehörte ganz Irland zu Großbritannien. Dann erkämpfte die Irisch-Republikanische Armee (IRA) die Unabhängigkeit, doch das überwiegend protestantische Nordirland wollte lieber unter britischer Herrschaft bleiben. Das wiederum wollte die IRA nicht akzeptieren und kämpfte jahrzehntelang mit terroristischen Anschlägen für die Wiedervereinigung Irlands. Erst 1994 kam es zu Friedensverhandlungen zwischen der IRA und der britischen Regierung, doch eine endgültige Lösung des Konflikts ist noch nicht erreicht.

Großbritannien sah sich bis in die Mitte des 20. Jahrhunderts als Weltmacht und zeigte wenig Interesse an Europa. Das änderte sich erst in den 60er Jahren. Doch auch nach dem Beitritt zur EG im Jahre 1973 wurden die Briten keine leidenschaftlichen Europäer. Wie die Dänen weigerten sie sich zum Beispiel, den Euro einzuführen, und bestehen bis heute auf ihrem Pfund Sterling.

Die wirtschaftliche Entwicklung Großbritanniens hinkte nach 1945 in Europa deutlich hinterher. Erst in den 90er Jahren wuchs die Wirtschaft schneller als in anderen europäischen Ländern, und heute liegt das BIP/Einw. mit 30 300 € knapp über dem von Deutschland und Frankreich.

Das politische System Großbritanniens weist eine Besonderheit auf: Das Land hat keine geschriebene Verfassung. Traditionen und Gewohnheiten haben zu einer parlamentarischen Monarchie geführt, in der die Mehrheitspartei den Premierminister stellt. Er ist der starke Mann (im Falle von Margaret Thatcher die starke Frau) in der britischen Politik.

Nordirland, Schottland und Wales haben eigene Parlamente und Regierungen. Die Politik wird zwar eng mit den Nachbarn abgestimmt, trotzdem legen alle viel Wert auf Eigenständigkeit. Staatsoberhaupt des Vereinigten Königreichs ist der Monarch bzw. die Monarchin, gemeinsame Hauptstadt ist London.

Von den rund 60 Millionen Menschen gehören etwa zwei Drittel den verschiedenen protestantischen Kirchen an, 15 % sind katholisch.

Irland Irland hat sich in langen Kämpfen von Großbritannien gelöst. Trotzdem blieb das Land wirtschaftlich vom großen Nachbarn abhängig, mit dem fast der gesamte Außenhandel abgewickelt wurde. Die Iren hofften, das werde sich in der EG ändern, und drängten deswegen regelrecht auf den Beitritt; in einem Referendum stimmten 83 % dafür, so viel wie in keinem anderen Land. Die positiven Auswirkungen des Beitritts zeigten sich nicht ganz so schnell, wie die Iren es erwartet hatten; zu Beginn der 80er Jahre lagen Inflationsrate und Arbeitslosigkeit jeweils bei 20 %, und das Land war hoch verschuldet. Doch dann begann die Wirtschaft zu wachsen, zuerst noch langsam und in den 90er Jahren stürmisch. Mit bis zu 10 % pro Jahr hatte Irland die höchsten Wachstumsraten aller Länder in der Europäischen Union. Heute liegt das BIP/Einw. bei 39 800 US$ und damit deutlich über dem des großen Nachbarn.

Seit der Unabhängigkeit von Großbritannien ist Irland eine Republik. Sitz des Parlaments und der Regierung ist die Hauptstadt Dublin.

Von den 4 Millionen Iren sprechen nur noch wenige Irisch, vor allem an der Atlantikküste; ansonsten wird Englisch gesprochen. Und die allermeisten Iren sind katholisch.

Italien Die italienische Hauptstadt Rom war in der Antike Ausgangs- und Mittelpunkt eines Weltreiches. Davon zeugen bis heute Römerstraßen und römische Städte in vielen Teilen Europas. Doch wie alle Weltreiche hatte auch das römische keinen Bestand. Im Lauf der Jahrhunderte schrumpfte es und wurde zu Italien. 1946 entschieden sich die Italiener per Volksabstimmung gegen die Monarchie und für die Republik. Es entwickelte sich ein Vielparteiensystem, das häufig zu Regierungskoalitionen aus mehreren Parteien führte. Die hielten in der Regel nicht sehr lange – im Durchschnitt weniger als ein Jahr. Die gegenwärtige Regierung ist die 59. der Nachkriegszeit.

Kennzeichnend für die italienische Wirtschaft ist das große Gefälle zwischen dem industrialisierten Norden und dem ländlich geprägten Süden, in dem die Arbeitslosigkeit hoch ist.

Italien ist eines der klassischen Reiseländer für Sonnen- und Kulturhungrige, und so hat sich der Fremdenverkehr in den letzten fünfzig Jahren zu einem wichtigen Wirtschaftsfaktor entwickelt. Er trug wesentlich zum Wachstum des Dienstleistungssektors bei, in dem heute mehr Menschen beschäftigt sind als in Landwirtschaft und Industrie. Mit knapp 58 Millionen Einwohner und einem BIP/Einw. von 25 500 US$ gehört Italien zu den wichtigen Industrienationen der Welt.

Italien ist ein katholisches Land. Mitten in der Hauptstadt Rom hat der Papst als Oberhaupt der katholischen Kirche und seines eigenen kleinen Vatikanstaats seinen Sitz.

Lettland 1918 wurde Lettland erstmals als eigenständiger Staat gegründet. Zuvor gehörte das Gebiet ein Jahrtausend lang verschiedenen Großmächten. Und auch nach der Staatsgründung dauerte die Freiheit nur 22 Jahre, dann wurde das kleine Land wie seine baltischen Nachbarn von der Sowjetunion annektiert. Und wie seine Nachbarn erklärte sich die Republik Lettland 1991 für unabhängig.

Allerdings dauerte die Ablösung von Russland und der Übergang zu einer parlamentarischen Demokratie länger als in den Nachbarstaaten; erst im Juni 1993 kam es zu freien Wahlen, bei denen sich die Reformkräfte durchsetzen konnten. Doch wechselnde Koalitionsregierungen und Korruptionsfälle erschwerten eine Stabilisierung der jungen Demokratie.

Auch die Umstellung von der Plan- zur Marktwirtschaft vollzog sich nicht so reibungslos wie beim nördlichen Nachbarn Estland; Landwirtschaft und Industrie schrumpften, und das bei dem ohnehin schon niedrigen Niveau. Bis 1998 lag der Schwerpunkt des lettischen Außenhandels im Osten. Erst mit der Umorientierung nach Westen besserte sich die wirtschaftliche Lage. Und nachdem klar war, dass auch der »baltische Wackelkandidat« in die EU aufgenommen würde, wuchs die Wirtschaft noch stärker. Trotzdem hat das Land mit etwa 5200 US$ BIP/Einw. noch viel Nachholbedarf.

Von den 2,3 Millionen Letten lebt ein Drittel in der Hauptstadt Riga. Amtssprache ist Lettisch, es wird – wie in den anderen baltischen Staaten – auch viel Russisch gesprochen. Gut die Hälfte der Letten sind protestantisch, ein Viertel gehört der katholischen und etwa 10 % der russisch-orthodoxen Kirche an.

Litauen Litauen könnte man als den baltischen Süden bezeichnen. Vor der Auflösung der UdSSR war es unter den sowjetischen Republiken jene mit der höchsten Industrialisierung und dem höchsten Lebensstandard.

Nach der Unabhängigkeit 1991 pflegte das Land weiterhin gute Beziehungen zu seinen östlichen Nachbarn. Weil es den Menschen vergleichsweise gut ging, vollzog sich die Hinwendung zum Westen und der Übergang zur Marktwirtschaft anfangs in kleinen Schritten. Erst Mitte der 90er Jahre wurde der Reformkurs beschleunigt mit dem Ziel, der EU und der NATO beizutreten. In den drei Jahren vor dem Beitritt glänzte das Land mit den höchsten Wachstumsraten in Europa. Dennoch gehört es mit einem BIP/Einw. von knapp 5400 US$ zu den ärmsten EU-Ländern.

Litauen ist eine parlamentarische Republik mit Wilna als Hauptstadt. Die 3,5 Millionen Einwohner sind überwiegend katholisch. Wie Estland und Lettland gehört es noch nicht zur Euro-Zone, sondern hat seine eigene Währung.

Luxemburg Nach der Fläche und der Einwohnerzahl ist Luxemburg ein Zwerg in der EU, nach dem BIP/Einw. ein Riese: Mit 57 000 US$ liegt es einsam an der Spitze. Wie kommt es, dass dieses kleine Land so reich ist?

Im Vergleich zu anderen Ländern bot Luxemburg nach 1945 Kapitalbesitzern und Firmen sehr günstige Steuerkonditionen und wurde deshalb oft als Steuerparadies bezeichnet. Das zog Firmen und Kapital ins Land, zumal das Bankgeheimnis dieses Kapital vor steuerlichen Zugriffen aus dem Ursprungsland schützte. Es entwickelte sich ein gut florierendes Finanz- und Bankwesen, vorwiegend in der Hauptstadt Luxemburg, in der heute 70 % aller Erwerbstätigen arbeiten. Das ist einmalig in der Welt.

Seit einigen Jahren wird von den anderen EU-Ländern verstärkt kritisiert, dass die luxemburgische Finanzpolitik Steuerflüchtlinge und Geldwäscher begünstige. Inzwischen arbeiten die Behörden zwar enger mit ausländischen Steuerfahndern zusammen, ohne jedoch ihre kapitalfreundliche Politik grundsätzlich zu ändern.

Luxemburg ist eine parlamentarische Monarchie mit dem offiziellen Namen »Großherzogtum Luxemburg«. Der Großherzog hat bis heute eine stärkere Stellung als die Monarchen in anderen europäischen Ländern.

Das Großherzogtum ist katholisch und hat 450 000 Einwohner. Viele von ihnen haben ihre Wurzeln in den umliegenden Ländern, die in der Geschichte oft über das Schicksal des kleinen Landes bestimmten. So hat sich im Lauf der Jahrhunderte eine Sprache entwickelt, die vorwiegend deutsche, aber auch niederländische und französische Elemente enthält. Daneben sind noch Deutsch und Französisch Amtssprachen.

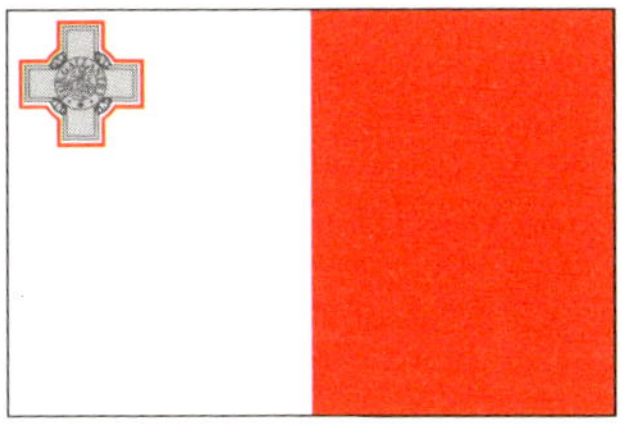

Malta 1798 eroberte Napoleon die Insel im Mittelmeer, wurde aber schon zwei Jahre später von den Briten vertrieben, die sich Malta dann als Kronkolonie sicherten. Für die Briten wurde die Insel zu einem der wichtigsten Flottenstützpunkte ihres Empire. Fast 150 Jahre gehörte Malta zum britischen Weltreich, bevor es 1964 in die Unabhängigkeit entlassen wurde. Noch weitere 15 Jahre waren britische Truppen auf der Insel stationiert; die letzten wurden am 31. März 1979 abgezogen. Dieser Tag ist seither in Malta ein Feiertag.

Die Republik Malta ist der am dichtesten besiedelte Flächenstaat der Welt. Die große Mehrheit der 400 000 Malteser ist katholisch – sehr katholisch, was unter anderem ein Gesetz deutlich macht, das Ehescheidungen im Land verbietet.

Ein Drittel der arbeitenden Menschen ist in der Tourismusbranche beschäftigt, die sich zum wichtigsten Wirtschaftszweig entwickelt hat. Touristen aus Großbritannien fühlen sich auf Malta besonders wohl, denn neben Maltesisch ist Englisch die zweite Amtssprache. Auf den Straßen wird links gefahren, es gibt britisches Frühstück und britisches Bier.

Mit 9800 US$ BIP/Einw. liegt der Inselstaat im letzten Drittel der EU, der er seit dem 1. Mai 2004 angehört.

Niederlande Der Name Niederlande leitet sich von der Landschaft ab, die ohne größere Erhebungen ist und teilweise unter dem Meeresspiegel liegt. Deswegen muss das Land von jeher durch Deiche geschützt werden, die inzwischen eine Länge von 3000 Kilometern erreicht haben. Die Niederlande werden oft Holland genannt, was nicht korrekt ist, denn Holland ist nur eine Region des Landes.

Die Niederlande waren im 16. und 17. Jahrhundert die größte europäische See- und Handelsmacht mit Kolonien in aller Welt. Diese Stellung konnten sie nicht behaupten. Nach der Abtrennung Belgiens 1831 entschied sich das neu entstandene »Königreich der Niederlande« für die politische Neutralität. Unter Missachtung dieser Neutralität besetzten deutsche Truppen im Zweiten Weltkrieg das Land. Diese bittere Erfahrung führte nach dem Krieg zur Aufgabe der Neutralitätspolitik; die Niederlande wurden Gründungsmitglied der NATO und treibende Kraft der europäischen Integration.

Die Niederlande sind eine parlamentarische Monarchie mit der Hauptstadt Amsterdam. Von den 16 Millionen Einwohnern gehört mehr als ein Drittel keiner Konfession an, 36 % sind katholisch, 26 % protestantisch.

Wie in anderen europäischen Staaten ist der Dienstleistungssektor zum bedeutendsten Wirtschaftszweig geworden. Bekannt sind die Niederlande für ihre hochspezialisierte Landwirtschaft, die Käse, Gemüse und Blumen für den Export produziert. Das BIP/Einw. liegt bei 31 500 US$ und damit im ersten Viertel der EU.

Österreich Das heutige Österreich ist der »Rest« der ehemaligen Doppelmonarchie Österreich-Ungarn, die sich bis 1918 über weite Gebiete Mitteleuropas erstreckte. Mit dem Auseinanderbrechen des Vielvölkerstaates verschwand die europäische Großmacht von der politischen Bühne. 1920 gab sich die junge Republik eine demokratische Verfassung. Doch in den 30er Jahren gewannen faschistische Kräfte die Oberhand, und nach inneren Unruhen erfolgte im März 1933 der »Anschluss« Österreichs an das Dritte Reich.

Nach dem Zweiten Weltkrieg wurde Österreich in vier Besatzungszonen aufgeteilt. 1955 erhielt es seine staatliche Souveränität zurück und verpflichtete sich zu »immer währender Neutralität«. Weil die sehr ernst genommen wurde, gab es anfangs nur vorsichtige Schritte in Richtung Europäische Gemeinschaft. Erst 1989 wurde der Beitritt beantragt und seit 1995 ist Österreich Mitlied der EU. Die Osterweiterung von 2004 machte Österreich vom Rand- zum Zentrumsland der Union mit entsprechenden Möglichkeiten für die Wirtschaft.

Heute beträgt das BIP/Einw. 31 400 US$ und liegt damit über dem deutschen. Einen großen Anteil daran hat der Fremdenverkehr, denn Österreich gehört zu den beliebtesten Urlaubsländern Europas. Von schneebedeckten Bergen in den Alpen bis zu Badeseen im Südosten des Landes bietet es Touristen viele Möglichkeiten. Außerdem ziehen die Mozartstadt Salzburg und die Hauptstadt Wien jedes Jahr Millionen Besucher an.

Die 8,1 Millionen Österreicher sind überwiegend katholisch.

Polen »Nie damy sie!« – Wir lassen uns nicht unterkriegen! Das Motto der Polen beim Widerstand gegen die Nazis könnte als Motto für die polnische Geschichte überhaupt stehen. Denn immer wieder mussten sie gegen die übermächtigen Nachbarn im Westen und im Osten kämpfen. 1795 teilten Preußen, Österreich und Russland das Land gar unter sich auf, und Polen verschwand für 123 Jahre von der politischen Landkarte. Erst 1918 wurde es wieder ein eigenständiger Staat.

Mit dem Überfall auf Polen am 1. September 1939 begann der Zweite Weltkrieg, der für die Bevölkerung unbeschreibliches Leid brachte. Nach dem Krieg wurden die Grenzen des Landes wieder neu gezogen; Polen musste seine Ostgebiete an die Sowjetunion abtreten und erhielt dafür im Westen die Gebiete bis zu der Oder-Neiße-Linie. Die Sowjetunion machte Polen zu einem ihrer Satellitenstaaten, konnte jedoch nicht verhindern, dass es immer wieder zu Unruhen und Aufständen kam. Die Wahl des Krakauer Erzbischofs Karol Wojtyla zum Papst im Jahre 1978 stärkte das Selbstbewusstsein der streng katholischen Polen. Von Danzig ausgehend entstand die Oppositionsbewegung »Solidarnosc«, die den kommunistischen Machthabern nach hartem Kampf 1988 die ersten »halbfreien« Wahlen im Ostblock abtrotzen konnte.

Nach der Demokratisierung und den tiefgreifenden Reformen erlebte Polen ein kleines Wirtschaftswunder. Die niedrigen Lohnkosten führten dazu, dass viele westliche Firmen Niederlassungen errichteten; in keinem anderen östlichen Land Europas wurde in den letzten 15 Jahren so viel investiert. Das hat natürlich zur Verbesserung der Infrastruktur geführt; dennoch produzieren die polnische Industrie und Landwirtschaft noch vielfach mit veralteten und umweltschädlichen Maschinen und Anlagen. Deswegen liegt das BIP/Einw. trotz der positiven Entwicklung mit knapp 5700 US$ im unteren Viertel der EU.

Polen hat heute rund 39 Millionen Einwohner und ist eine parlamentarische Republik mit Warschau als Hauptstadt.

Portugal Portugiesische Seeleute befuhren im 15. Jahrhundert als erste Europäer die Weltmeere, entdeckten den Seeweg nach Asien und machten Portugal zur Kolonialmacht. Doch schon ein Jahrhundert später wurde es von den neuen Seemächten Niederlande und Großbritannien verdrängt und verlor an Bedeutung.

Zu Beginn des 20. Jahrhunderts kam es zu Kämpfen zwischen Republikanern und Monarchisten, die mit der Ausrufung der Republik im Jahre 1911 endeten. Doch die neue Republik war von Anfang an sehr instabil; 1926 putschte das Militär und errichtete eine Diktatur. Fast fünfzig Jahre dauerte es, bis sich das Land wieder auf den Weg zu einer parlamentarischen Demokratie machte. Das war um so schwieriger, weil die wirtschaftlichen Verhältnisse katastrophal waren: Portugal war hoch verschuldet, hatte das niedrigste Pro-Kopf-Einkommen in Europa und eine Inflationsrate von 25 %. Deswegen sprach man auch vom »Armenhaus Europas«.

Der Beitritt zur EG 1986 brachte schnell eine spürbare Besserung in allen Bereichen, und auch die politische Lage stabilisierte sich. Heute liegt das BIP/Einw. mit mehr als 14 200 US$ im Mittelfeld der EU.

Portugal hat 10,5 Millionen Einwohner, von denen die große Mehrheit katholisch ist. Hauptstadt und Sitz der Regierung ist Lissabon.

Seit November 2004 ist der portugiesische Politiker José Manuel Barroso Präsident der EU-Kommission und damit eine Art europäischer Regierungschef.

Rumänien Mit Bulgarien wurde Rumänien am 1. Januar 2007 Mitglied der EU – obwohl es dort ähnliche Problem gibt.

Wie sein südlicher Nachbar wurde das Land nach dem Zweiten Weltkrieg ein Satellitenstaat der Sowjetunion. Doch unter Nicolae Ceauşescu versuchte es seit den 70er Jahren eine schrittweise Lösung vom »großen Bruder«. Weil Ceauşescu dabei nicht an mehr Demokratie, sondern nur an eine etwas modernere Form der Diktatur dachte, griffen die Herren in Moskau nicht ein.

Ceauşescu wollte Rumänien zu einer europäischen Großmacht machen und ließ unter anderem 8000 Bauerndörfer zerstören. Die landwirtschaftliche Produktion sollte effektiver werden und wurde in Großkomplexen organisiert. Vor allem jedoch sollte die Eisen- und Stahlindustrie mit aller Macht ausgebaut werden. Doch beides funktionierte nicht, und Mitte der 80er Jahre war das Land nicht mehr zahlungsfähig.

Obwohl die Lage für die Menschen immer schwieriger wurde, kam der Widerstand gegen den Diktator anfangs weniger vom Volk, sondern mehr von Mitgliedern der kommunistischen Partei. Im Gefolge der Umwälzungen in Osteuropa im Herbst 1989 kam es in Rumänien zu blutigen Auseinandersetzungen. Am 25. Dezember 1989 wurden Nicolae Ceauşescu und seine Frau Elena vor ein Militärgericht gestellt und nach einem Schnellverfahren erschossen.

Doch wie in Bulgarien verzögerten kommunistische Kräfte den politischen Wandel; die dringend notwendigen Reformen wurden nur halbherzig in Angriff genommen. Deswegen liegt Rumänien mit einem BIP/Einw. von 2800 US$ nur knapp vor Bulgarien.

Politisch hat sich das Land seit 1991 zu einer parlamentarischen Republik entwickelt. Die Hauptstadt ist Bukarest. Von den 22 Millionen Einwohnern sind 87 % orthodoxe Christen.

Schweden Nach vielen Kriegen entschied sich Schweden in der Mitte des 19. Jahrhunderts für einen friedlichen Weg in die Zukunft. Es hielt sich aus den folgenden Kriegen heraus und blieb neutral. Das ermöglichte dem Land die weitgehend ungestörte Entwicklung zu einem parlamentarisch-demokratischen Staatswesen. Und früher als andere Länder schuf Schweden ein Sozialsystem, das im 20. Jahrhundert zum ersten Wohlfahrtsstaat in der Geschichte führte. Der Staat sorge für alles – »von der Wiege bis zur Bahre« wurde zum geflügelten Wort. Das kostete natürlich sehr viel Geld, das sich der Staat von seinen Bürgern holen musste, was zu außergewöhnlich hohen Steuern führte. Spitzensätze bis zu 90 % für die Großverdiener sollten auch zu mehr Gleichheit unter den Schweden führen. Gegen dieses schwedische Modell wurden in den 80er Jahren immer mehr kritische Stimmen laut. Viele Bürger fühlten sich vom Staat bevormundet, sie lehnten die »Gleichmacherei« ab und wollten mehr Freiheit und Eigenverantwortung. Zu dieser Stimmung kam die erste Wirtschaftskrise der Nachkriegszeit, die Einschnitte ins Sozialsystem notwendig machte.

Weil Schweden viel Wert auf seine Neutralität und sein Modell legte, stand es der europäischen Integration lange Zeit skeptisch gegenüber. Das änderte sich erst Anfang der 90er Jahre, und 1995 wurde Schweden zusammen mit Finnland Mitglied der EU – ihre Währung, die Krone, wollten die Schweden aber behalten.

Das Land ist seit 1909 eine parlamentarische Monarchie mit Stockholm als Hauptstadt. Die große Mehrheit der 9 Millionen Schweden ist protestantisch. Das BIP/Einw. liegt bei 34 500 US$ und damit im ersten Viertel der EU.

Slowakei Im November 1989 wurde das kommunistische Regime in der Tschechoslowakei gestürzt. Weil dies auf friedliche Weise geschah, sprach man von der »samtenen Revolution«. Nach dieser Revolution stellte sich die Frage, wie das Land neu organisiert und gestaltet werden sollte. Die neue Führung wollte die staatliche Einheit erhalten, doch in der Slowakei wurde der Ruf nach Autonomie lauter, und am 1. Januar 1993 konstituierte sich die Slowakische Republik als souveräner Staat.

Die Ausgangsposition der Slowakei war sehr viel schwieriger als die Tschechiens mit der bisherigen Hauptstadt Prag. Zuerst musste ein neuer Regierungs- und Verwaltungsapparat aufgebaut werden. Wirtschaftspolitisch stand der Umbau der Plan- in eine Marktwirtschaft an, und das auf einem niedrigen Niveau, weil die Industriewerke überwiegend in Tschechien lagen. Trotz großer Anstrengungen in den vergangenen Jahren hat das Land nach wie vor viele Probleme – unter anderem eine Arbeitslosenquote von nahezu 20 % – und gehört mit einem BIP/Einw. von gut 6400 US$ zu den ärmsten in der EU, deren Mitglied es 2004 wurde.

Heute hat die Slowakei 5,4 Millionen Einwohner, die mehrheitlich katholisch sind. Die Hauptstadt Bratislava hieß früher Pressburg und liegt an der Donau, nahe der Grenze zu Österreich.

Slowenien Lange Zeit in der Geschichte war Slowenien Teil des österreichischen Kaiserreichs, was heute noch an der Architektur mancher Städte abzulesen ist. Nach dem Zweiten Weltkrieg gehörte es zu dem neu gegründeten Jugoslawien, das von Staatspräsident Tito autoritär regiert wurde. Dank seiner Lage und seiner Geschichte hatte Slowenien auch während der Tito-Zeit gute Kontakte zum Westen, was der wirtschaftlichen Entwicklung zugute kam und den Tourismus förderte. Der Lebensstandard wuchs und wurde höher als in allen östlichen Ländern.

Nach dem Tod Titos im Jahre 1980 wurden in den verschiedenen Regionen Jugoslawiens die Rufe nach Unabhängigkeit laut. Die Regierung in Belgrad versuchte mit allen, auch militärischen Mitteln die staatliche Einheit zu erhalten. Doch als sich der Ostblock aufzulösen begann, brach auch Jugoslawien auseinander. Im Juni 1991 erklärte sich Slowenien für unabhängig und gab sich eine Verfassung, die sich an denen der westlichen Demokratien orientierte. Damit war Slowenien zum ersten Mal in seiner Geschichte ein selbständiger Staat.

Dank der guten wirtschaftlichen Lage gelang der Übergang zur Marktwirtschaft verhältnismäßig schnell. Allerdings verlief die Privatisierung der Wirtschaft bisher sehr zögerlich; noch immer befindet sich über die Hälfte der Unternehmen in staatlicher Hand. Das BIP/Einw. liegt bei 14 200 US$.

Die Republik Slowenien mit der Hauptstadt Ljubljana ist seit dem 1. Mai 2004 Mitglied der EU. Die Mehrheit der 2 Millionen Slowenen ist katholisch.

Spanien Die Entdeckung Amerikas 1492 durch Christoph Kolumbus legte den Grundstein für den Aufstieg Spaniens zur Weltmacht. Die riesigen Schätze, die Kolumbus und seine Nachfahren aus Mittel- und Südamerika brachten, machten das Land reich. Doch zweihundert Jahre später war Spanien wieder ein europäischer Randstaat.

Nach vielen Machtkämpfen und Kriegen wurde 1936 die Republik ausgerufen. Es folgte ein dreijähriger Bürgerkrieg zwischen rechten und linken Gruppierungen. Die Truppen von General Franco siegten schließlich mit Unterstützung der faschistischen »Bruderstaaten« Italien und Deutschland. Franco wurde zum Diktator Spaniens und blieb es bis zu seinem Tod im Jahre 1975. Schon zu Lebzeiten hatte er den jungen Prinzen Juan Carlos erziehen lassen und bestimmt, dass der das Land später als König in seinem Sinn regieren sollte. Doch der neue König dachte gar nicht daran. Zur Überraschung vieler führte er das Land behutsam und klug auf den demokratischen Weg.

Am Ende der Franco-Ära war Spanien noch mehr ein Agrar- als ein Industriestaat. Die wichtigste Einnahmequelle jener Zeit war der aufblühende Fremdenverkehr.

Nach der Demokratisierung des Landes begann aufgrund des Nachholbedarfs ein schnelles und stürmisches Wachstum, das mit dem Beitritt zur EG 1986 einen weiteren Schub erhielt. Heute liegt das BIP/Einw. bei 21 200 US$ und damit im Mittelfeld der Union.

Spanien ist ein streng katholisches Land mit 41 Millionen Einwohnern. Madrid liegt 800 Meter über dem Meeresspiegel und ist damit die höchstgelegene Hauptstadt Europas.

Tschechien Der »Prager Frühling« von 1968 ist in die Geschichte eingegangen. Damals versuchten die führenden Köpfe der Kommunistischen Partei um Alexander Dubcek einen »Sozialismus mit menschlichem Antlitz« zu schaffen. Das Experiment wurde von sowjetischen Truppen brutal beendet.

Dreißig Jahre später hatte sich die Lage im Ostblock dramatisch geändert, und es gelang dem tschechoslowakischen Volk, die kommunistische Herrschaft durch die »samtene Revolution« zu stürzen. Nach dieser Revolution stellte sich die Frage, wie das Land neu organisiert und gestaltet werden sollte. Die neue Führung wollte die staatliche Einheit erhalten, doch wachsende Spannungen zwischen dem tschechischen und dem sich benachteiligt fühlenden slowakischen Landesteil führten schließlich zur Trennung. Am 1. Januar 1993 konstituierte sich die Tschechische Republik als souveräner Staat mit Prag als Hauptstadt.

Die bereits zuvor eingeleitete Privatisierung der Wirtschaft wurde forciert, die Planwirtschaft schrittweise in eine Marktwirtschaft umgewandelt. Die Nachbarschaft zu Deutschland und Österreich erleichterte die Entwicklung, weil beide Länder in Tschechien investierten und damit Arbeitsplätze schafften. Mit 9000 US$ hat Tschechien das höchste BIP/Einw. aller ehemaligen Ostblockstaaten, liegt damit allerdings im letzten Drittel der EU.

Etwa 40 % der 10,2 Millionen Einwohner der Tschechischen Republik gehören keiner Konfession an, die Mehrheit der Gläubigen ist katholisch.

Ungarn Das heutige Ungarn entstand nach dem Ersten Weltkrieg durch die Auflösung der habsburgischen Doppelmonarchie Österreich-Ungarn. Im Zweiten Weltkrieg kämpfte es an der Seite Hitler-Deutschlands gegen die Sowjetunion. Durch die Niederlage kam Ungarn in den sowjetischen Einflussbereich; Gesellschaft und Wirtschaft wurden nach kommunistischen Vorstellungen umgestaltet. Dagegen protestierte die ungarische Bevölkerung im Oktober 1956 mit einem Aufstand, der von sowjetischen Truppen blutig niedergeschlagen wurde. Die Ungarn mussten erkennen, dass sie sich nicht vom »großen Bruder« befreien konnten. Also versuchten sie, ihr Land mit behutsamen Reformen zu verändern. Das brachte Ungarn den Ruf ein, der liberalste sozialistische Staat zu sein – man sprach vom »Gulaschkommunismus«.

Als in den 80er Jahren die Probleme des »großen Bruders« immer größer wurden, fühlte sich Ungarn noch mehr zu einer westlich orientierten Reformpolitik ermutigt. Deswegen fiel ihnen nach 1989 der Übergang zu einer demokratischen und marktwirtschaftlichen Ordnung leichter als anderen Ostblockstaaten.

Die Privatisierung der Wirtschaft ist weitgehend abgeschlossen, die Industrie wurde schrittweise modernisiert, wozu Investitionen aus westlichen Ländern einen wichtigen Beitrag leisteten. Heute liegt das BIP/Einw. bei 8500 US$.

Ungarn ist eine parlamentarische Republik mit Budapest als Hauptstadt. Das Land hat 10,2 Millionen Einwohner, von denen rund zwei Drittel katholisch sind.

Zypern Die Insel im Mittelmeer war britische Kronkolonie, bevor sich Zypern 1960 für unabhängig erklärte. Bald danach kam es zu Auseinandersetzungen zwischen der griechischen und der türkischen Bevölkerung, die immer verbissener geführt wurden und schließlich dazu führten, dass Zypern seit 1974 geteilt ist. Der Nordteil wird seither von der Türkei besetzt, die das Gebiet 1983 zur »Türkischen Republik Nordzypern« erklärten. Im Süden der Republik Zypern leben die zypriotischen Griechen.

Mehrere Vermittlungsversuche der UNO in den vergangenen zwanzig Jahren verliefen ergebnislos; Zypern blieb geteilt. Trotzdem begannen 1998 die Verhandlungen über einen Beitritt in die EU – auf Seiten der westlichen Staaten verbunden mit der Hoffnung auf eine Wiedervereinigung. Doch weder kam es dazu, noch konnte ganz Zypern in die EU aufgenommen werden, weil die Zypern-Griechen dagegen stimmten. Somit ist seit dem 1. Mai 2004 nur das türkische Nordzypern EU-Mitglied. Es hat gut 200 000 Einwohner, die mehrheitlich Muslime sind. Die gemeinsame, aber geteilte Hauptstadt ist Nikosia. Das BIP/Einw. für ganz Zypern liegt bei 15 000 US$. Allerdings ist es im wirtschaftlich weitaus leistungsfähigeren griechischen Teil deutlich höher als im türkischen.

II. Europäische Staaten im Verhandlungsstadium mit der EU (in der Reihenfolge ihres diskutierten Eintritts):

Kroatien Kroatien möchte Mitglied der EU werden und ist seit 2003 offizieller Beitrittskandidat. Fachleute rechnen damit, dass das Land noch in diesem Jahrzehnt als 28. Mitglied aufgenommen wird.

Wie alle Staaten, die aus dem ehemaligen Jugoslawien entstanden sind, hat auch Kroatien einen beschwerlichen Weg hinter sich. Die Ausrufung der Unabhängigkeit im Juni 1991 führte zum Konflikt mit Serbien. Dort regierte Slobodan Milosevic, der ein Großserbien anstrebte und deswegen nicht akzeptieren wollte, dass sich andere Regionen für unabhängig erklärten. Es kam zu einem grausamen Bürgerkrieg, in dem Milosevic über die serbisch dominierte jugoslawische Armee und deren Waffenarsenal verfügen konnte. Damit waren die Serben den Kroaten klar überlegen. Das zeigte sich auch in Bosnien und Herzegowina, wo es ebenfalls zum Bürgerkrieg kam, in den Serben und Kroaten verwickelt waren. Auf Druck der Vereinten Nationen wurde der Krieg in Kroatien im Januar 1992 beendet. In der jungen Republik wurde die »Kroatische Demokratische Gemeinschaft« zur führenden Partei. Ihre Politik war streng nationalistisch, sie besetzte wichtige Positionen in Staat, Wirtschaft und in den Medien mit parteiloyalen Personen. Das änderte sich erst, als 1999 eine sozialdemokratisch geführte Koalition die Regierung in der Hauptstadt Zagreb übernahm. Seither wurden wichtige Reformen in Staat, Wirtschaft und Gesellschaft eingeleitet, die Kroatien auf den Weg zur EU führten.

Der Tourismus, der schon zu Zeiten Jugoslawiens eine wichtige Einnahmequelle war, floriert seit einigen Jahren wieder. Vor allem die Halbinsel Istrien ist ein beliebtes Urlaubsziel. Diese Entwicklung trug mit dazu bei, dass das BIP/Einw. auf 6600 US$ angestiegen ist. Von den 4,5 Millionen Einwohnern Kroatiens ist die große Mehrheit katholisch.

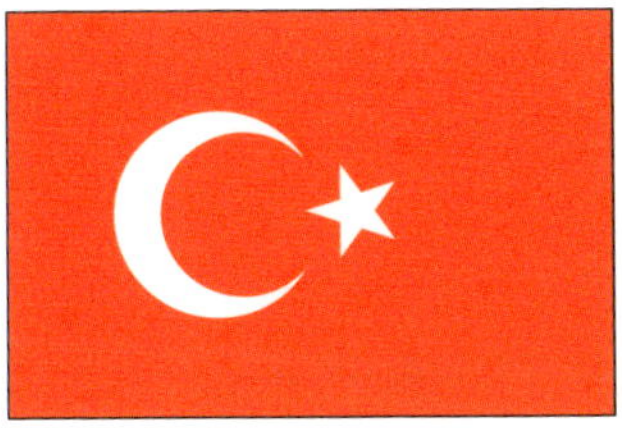

Türkei Für die Türkei ist der 3. Oktober 2005 schon jetzt ein historisches Datum. Nach einem sehr langen Hindernislauf haben sich die EU-Staaten mit der türkischen Regierung an diesem Tag darauf geeinigt, Beitrittsverhandlungen zu beginnen.

Angefangen hat die Hinwendung nach Europa schon vor mehr als 80 Jahren unter Kemal Atatürk, dem Gründer der modernen Türkei. Nach 1923 setzte er eine Reihe radikaler Reformen durch, die das Land zu einem europäischen Nationalstaat machen sollten. Nur auf dieser Grundlage konnte die Türkei nach dem Zweiten Weltkrieg Mitglied der OEEC, des Europarates und der NATO werden.

Dennoch gab und gibt es auf beiden Seiten warnende Stimmen; an der Frage, ob die Türkei zu Europa und in die EU gehöre, scheiden sich nach wie vor die Geister. Manche versuchen sich aus der Frage herauszumogeln, indem sie von einer europäischen Türkei diesseits des Bosporus und von einer asiatischen jenseits sprechen. Aber so lässt sich das Problem nicht lösen. Wenn die Beitrittsverhandlungen erfolgreich verlaufen, wird die ganze Türkei Mitglied der EU. Wenn! Viele Politiker und professionelle Beobachter bezweifeln, dass es je so weit kommt. Für sie sind – trotz aller Reformen – die Wertvorstellungen in der vom Islam geprägten Türkei und den anderen europäischen Ländern einfach zu unterschiedlich, als dass Türkei und EU zusammenwachsen könnten. Auch wer nicht ganz so skeptisch ist, geht zumindest von sehr schwierigen Verhandlungen aus, die 15 bis 20 Jahre dauern können – mit offenem Ende.

Politisch hat sich die Türkei zu einer funktionierenden parlamentarischen Republik entwickelt. Wirtschaftlich gesehen ist das Land nach wie vor rückständig. Über ein Drittel der Beschäftigten arbeitet noch immer in der Landwirtschaft, zum Teil wie ihre Vorfahren. Dem gegenüber steht das pulsierende Leben in den Millionenstädten, vor allem in Istanbul und in der Hauptstadt Ankara. Das BIP/Einw. beträgt 3700 US$.

Die Türkei hat 71 Millionen Einwohner, von denen 99 % Muslime sind.

Mazedonien Im Dezember 2005 beschloss die EU, Mazedonien in den Kreis der Beitrittskandidaten aufzunehmen.

Das Land auf dem Balkan ist der kleine Rest eines früheren Weltreiches. Damals wurde es noch mit *k* geschrieben und von Alexander dem Großen regiert. Doch davon wissen heute nur noch die Geschichtsbücher.

Wie die anderen jugoslawischen Teilrepubliken erklärte sich auch Mazedonien 1991 für unabhängig, obwohl die Voraussetzungen dafür denkbar schlecht waren. Es war die rückständigste Region, hatte kaum Industrie und eine Arbeitslosenquote von über 30 %. Außerdem forderte die albanische Minderheit, die etwa ein Viertel der Bevölkerung ausmacht, von Anfang an mehr Autonomie.

Doch der neue Staat entwickelte sich friedlicher, als die meisten erwartet hatten. Er wurde von allen Nachbarn respektiert und international anerkannt. Es schien so, als werde Mazedonien zum Musterbeispiel für andere Balkanstaaten – doch es schien nur so. Im Frühjahr 2001 kam es zum bewaffneten Aufstand der Albaner, der deutlich machte, wie brüchig die vermeintliche Stabilität war. Nur durch internationale Vermittlung und massiven politischen Druck konnten die gewalttätigen Auseinandersetzungen beendet werden. Bis Ende 2005 waren Militär- und Polizeieinheiten von NATO und EU vor Ort, um die friedliche Entwicklung zu sichern.

Wirtschaftlich hat sich seit der Unabhängigkeit nicht viel bewegt; noch immer gibt es wenig Industrie, noch immer sind mehr als 30% arbeitslos. Exportiert werden nur wenige landwirtschaftliche Produkte, vor allem Tabak. Das BIP/Einw. liegt bei 2300 US$.

Mazedonien ist eine parlamentarische Republik mit der Hauptstadt Skopje. Dort lebt fast ein Viertel der gut 2 Millionen Einwohner. Etwa 60 % von ihnen sind orthodoxe Christen, 30 % Muslime.

III. Die übrigen Staaten Europas:

Albanien Albanien, den kleinen Balkanstaat an der südlichen Adria, könnte man »das unbekannte Land in Europa« nennen. Nach dem Zweiten Weltkrieg gehörte es zum kommunistischen Lager, suchte jedoch immer einen eigenen Weg. Zuerst verband es sich mit dem blockfreien Jugoslawien, lehnte sich dann an die Sowjetunion an und gestaltete das Land nach stalinistischem Vorbild um. Doch schon Ende der 50er Jahre kam es zu Spannungen; 1961 brach Albanien seine Beziehungen zur Sowjetunion ab und verband sich mit der Volksrepublik China. Vermutlich schritt die Sowjetunion nicht ein, weil ihr das kleine Albanien keinen Konflikt mit dem großen China wert war. 1978 löste sich Albanien auch von China und isolierte sich vom Rest der Welt.

Ohne Unterstützung war das Land bald das ärmste in Europa. Doch die kommunistischen Machthaber verfolgten stur ihren Kurs. Der führte Anfang der 90er Jahre zu extremer Armut und Hungersnöten, sodass 350 000 Menschen aus dem Land flüchteten. Umgekehrt kamen 1998/99 über 600 000 Flüchtlinge aus dem Kosovo nach Albanien, was die Lage zusätzlich verschärfte. Auch die dann einsetzende internationale Hilfe konnte die Probleme nur mildern, nicht lösen. Noch heute gehört das Land im wirtschaftlichen und sozialen Bereich zu den rückständigsten in Europa.

Politisch ist Albanien seit 1991 eine parlamentarische Republik. Es dauerte allerdings zehn Jahre, bis sich die teilweise verfeindeten Parteien mehr um das Land als um sich selbst kümmerten.

Von den gut 3 Millionen Albanern arbeitet etwa die Hälfte in der Landwirtschaft, zum Teil mit völlig veralteten Methoden und Maschinen. Deswegen liegt das BIP/Einw. auch nur bei 2000 US$.

Die einzige Stadt mit mehr als 100 000 Einwohnern ist die Hauptstadt Tirana. 70 % der Albaner sind Muslime, 30 % gehören verschiedenen christlichen Glaubensgemeinschaften an.

Bosnien-Herzegowina Bosnien-Herzegowina ist einer der fünf Staaten, die Anfang der 90er Jahre aus dem ehemaligen Jugoslawien entstanden sind – wie wir hörten zum Teil erst nach blutigen Bürgerkriegen.

In Bosnien und Herzegowina kämpften drei Nationalitäten gegeneinander: Bosnier, Serben und Kroaten. Erst durch das Einschreiten der UNO und der NATO wurde der Bürgerkrieg beendet. Im November 1995 wurde in Dayton (USA) ein Abkommen ausgearbeitet, das eine ungewöhnlich Lösung vorsah:

Die Republik Bosnien-Herzegowina wird in zwei Teilstaaten gegliedert, die *Bosniakisch-Kroatische Föderation* und die *Serbische Republik*. Beide kooperieren in einem gemeinsamen Parlament miteinander; in diesem Parlament und allen gesamtstaatlichen Institutionen sind die drei Nationalitäten paritätisch vertreten. An der Spitze des Staates steht dementsprechend ein dreiköpfiges Präsidium.

Über das Funktionieren des Staates wacht die Internationale Staatengemeinschaft in Gestalt eines Hohen Repräsentanten und einer internationalen Friedenstruppe (SFOR).

Der neue Staat entwickelte sich allerdings nicht so, wie es sich die Politiker in Dayton ausgedacht haben. Die drei Nationalitäten kooperieren bisher nicht in der gewünschten Weise. Das ist – neben den Zerstörungen durch den Bürgerkrieg – einer der Gründe dafür, dass Bosnien-Herzegowina zu den ärmsten Ländern in Europa gehört. Mit einem BIP/Einw. von 1800 US$ liegt es noch hinter Albanien.

Von den gut 4 Millionen Einwohnern sind 45 % Muslime, 30 % orthodoxe Christen und 15 % Katholiken.

Sarajevo ist die Hauptstadt, die Amtssprachen sind Bosnisch, Kroatisch und Serbisch.

Island Betrachtet man einen Globus, scheint Island am nördlichen Polarkreis zu hängen. Es sieht fast so aus, als wolle die Insel nichts mit Europa zu tun haben. Doch der Eindruck täuscht. Trotz der räumlichen Distanz ist Island ein europäischer Staat. Bei Meinungsumfragen spricht sich die Mehrheit der Bevölkerung seit langem für einen Beitritt zur EU aus, aber die politische Führung ist noch dagegen. Sie hält die Mitgliedschaft im Europäischen Wirtschaftsraum (EWR) für ausreichend.

Der hohe Lebensstandard auf dem Inselstaat gibt den Politikern recht. Das BIP/Einw. liegt bei 35 700 US$ und damit im oberen Viertel Europas.

Das wird vermutlich viele Festlandeuropäer überraschen, die bei Island vor allem an Schnee, Eis und Kälte denken. Doch entlang der Küste im südlichen Teil der Insel lässt es sich durch den Einfluss des Golfstroms ganz gut leben. Dort lebt auch die große Mehrheit der 285 000 Einwohner, davon 185 000 im Ballungsraum der Hauptstadt Reykjavik. Von dort aus wird die seit 1944 unabhängige parlamentarische Republik regiert. Über 90 % der Isländer sind protestantisch.

Island lebt vorwiegend vom Fischfang; fast zwei Drittel seiner Exporterlöse erzielt es durch Fisch und Fischerzeugnisse. Zu einer weiteren wichtigen Einnahmequelle hat sich der Tourismus entwickelt. Jahr für Jahr kommen mehr Besucher auf die Insel. Hauptattraktion sind die 200 Vulkane und die unzähligen Geysire.

Norwegen Norwegen und die EG/EU, das ist eine verzwickte Geschichte. Das nördlichste Festland Europas hat sich schon viermal um die Mitgliedschaft beworben. 1962 und 1967 lehnte Frankreich eine Aufnahme ab. Doch die norwegische Regierung ließ nicht locker und erreichte in langen Verhandlungsrunden, dass die EG-Mitglieder der Aufnahme schließlich zustimmten. Doch die Regierung hatte die Rechnung ohne das eigene Volk gemacht: 1972 stimmten 53,3 % gegen einen Beitritt.

Es dauerte zwanzig Jahre, bis die norwegische Regierung – zusammen mit den skandinavischen Nachbarn Schweden und Finnland – erneut einen Antrag auf die EU-Mitgliedschaft stellte. 1994 musste das Volk darüber abstimmen und lehnte den Beitritt mit knapper Mehrheit abermals ab. Die politische Führung ärgerte sich zwar über das Volk, musste sich aber dessen Willen beugen – wie sich das in einer Demokratie gehört.

Inzwischen hat die Regierung mehrere Abkommen unterzeichnet, die den Bürgern und Firmen ähnliche Rechte auf dem europäischen Binnenmarkt verleihen wie den Bürgern und Firmen der EU-Mitgliedsstaaten. Man könnte Norwegen also ein »halbes EU-Mitglied« nennen. Da sich bei Meinungsumfragen in den letzten Jahren jeweils eine Mehrheit des Volkes für den Beitritt ausgesprochen hat, ist es nur noch eine Frage der Zeit, wann aus dem halben ein ganzes Mitglied wird.

Der EU wäre Norwegen sehr willkommen, weil es vor allem durch seine Öl- und Gasvorkommen ein reiches Land ist. Es hat die niedrigste Arbeitslosenquote in ganz Europa, und das BIP/Einw. liegt bei 49 500 US$.

In dem dünn besiedelten Land leben gut 4,5 Millionen Menschen, von denen 86 % protestantisch sind. Norwegen ist eine parlamentarische Monarchie mit Oslo als Hauptstadt.

Serbien und Montenegro Nach dem Zerfall Jugoslawiens und der Loslösung von vier Teilrepubliken gründete das Milosevic-Regime im April 1992 die Bundesrepublik Jugoslawien. Dieses »Restjugoslawien« bestand aus den Republiken Serbien und Montenegro. Zu Serbien gehörten die autonomen Provinzen Vojvodina und Kosovo. Dort lebten über 2 Millionen Albaner und 200 000 Serben. Zwischen ihnen kam es immer wieder zu gewaltsamen Auseinandersetzungen. Die Probleme wollte Milosevic lösen, indem er seinen Truppen den Befehl gab, den Kosovo »albanerfrei« zu machen. Bis 1998 flohen hunderttausende Albaner aus ihrer Heimat. Doch damit war Milosevic noch nicht zufrieden; er schickte Erschießungskommandos durch den Kosovo, die schreckliche Massaker verübten. Um den drohenden Völkermord zu verhindern, bombardierten NATO-Flugzeuge von März bis Juni 1999 serbische Einrichtungen im Kosovo und zwangen Milosevic, seine Truppen abzuziehen. Anschließend überwachte eine internationale Truppe, die Kosovo Force (KFOR), die Einhaltung der getroffenen Vereinbarungen.

Im Februar 2003 wurde auf Druck der EU der Staatenbund Serbien-Montenegro mit Belgrad als Hauptstadt gegründet. Der Zusammenschluss sollte die Region stabilisieren. Doch von einer einheitlichen Politik konnte keine Rede sein kann. Das zeigte sich zum Beispiel daran, dass es zwei Währungen gab: in Serbien den Dinar, in Montenegro den Euro. Und trotz großzügiger Unterstützung der EU lag das BIP/Einw. nach zwei Jahren bei nur 2000 US$.

Viele Montenegriner waren von Anfang an nicht bereit gewesen, den Staatenbund zu akzeptieren. Sie kämpften für einen eigenen Staat. Am 21. Mai 2006 kam es zu einer Volksabstimmung, bei der sich 55,4 Prozent für die Trennung von Serbien aussprachen. Wenn die »Scheidung« endgültig vollzogen ist, gibt es in Europa einen neuen Staat.

Serbien und Montenegro haben zusammen 10,7 Millionen Einwohner, davon sind 63 % Serben, 17 % Albaner und 6 % Montenegriner. Die restlichen 15 % gehören unterschiedlichen Volksgruppen an. Ähnlich sieht das Zahlenverhältnis bei der Religionszugehörigkeit aus. Mit 63 %

stellen die orthodoxen Christen die große Mehrheit, daneben gibt es 19 % Muslime, aber auch Katholiken, Protestanten und Juden.

Der neue Kleinstaat Montenegro wird etwa 620 000 Einwohner haben, darunter 43 % Montenegriner und 32 % Serben. Ob er allein überlebensfähig ist, muss sich erst noch zeigen.

Schweiz »Wir wollen sein, ein einzig Volk von Brüdern«, schworen sich die Vertreter aus Uri, Schwyz und Unterwalden in Schillers *Wilhelm Tell.* Diesen Bund der drei Urkantone hat es tatsächlich gegeben. Ihm schlossen sich weitere Kantone an und vergrößerten damit die *Schweizerische Eidgenossenschaft*, wie das Land bis heute offiziell heißt. Ihr gehörten verschiedene ethnische und kulturelle Gruppen mit unterschiedlichen Sprachen an. Gemeinsam war ihnen vor allem, dass sie nicht zum Habsburger Reich, sondern zum unabhängigen Schweizerischen Bund gehören wollten. Deshalb nennt man die Schweiz eine »Willensnation«. Und im Verlauf ihrer Geschichte zeigte sich diese kleine Nation auch oft sehr eigenwillig. Obwohl sie mitten in Europa liegt, gelang es ihr, sich aus den Kriegen weitgehend herauszuhalten. Ihre Neutralität ist den Schweizern sehr wichtig. Um sie zu bewahren, hat das Volk bei einer Abstimmung im März 2001 gegen Beitrittsverhandlungen mit der EU gestimmt. Trotzdem steht die Schweiz in Europa nicht abseits. Es gibt enge wirtschaftliche Beziehungen mit den europäischen Nachbarn und mit der ganzen Welt. Schweizer Großbanken und Firmen wie *Nestlé* und *Novartis* gehören zu den sogenannten Global Playern. Mit einem BIP/Einw. von 43 200 US$ ist die Schweiz eines der reichsten Länder der Erde.

Das politische System zeugt von der Eigenwilligkeit der Schweizer. Durch die Jahrhunderte wollten sie immer möglichst viel selbst bestimmen und nicht die Herren in einer fernen Hauptstadt bestimmen lassen. Deshalb steht in der Verfassung, dass die Bürgerinnen und Bürger über wichtige Gesetze in Volksabstimmungen entscheiden können. So viel direkte Demokratie gibt es sonst nirgendwo in Europa.

Die Hauptstadt der Schweiz ist Bern, Amtssprachen sind Deutsch, Französisch, Italienisch und Rätoromanisch. Von den 7,3 Millionen Einwohnern sind 42 % Katholiken, 35 % Protestanten und 11 % konfessionslos.

Manfred Mai, geboren 1949 im schwäbischen Winterlingen, hat bereits drei große Geschichtswerke für junge Leser verfasst: eine »Deutsche Geschichte«, eine »Deutsche Literaturgeschichte« und eine »Weltgeschichte«. Alle drei wurden von der Fachwelt hoch gelobt, aber vor allem auch von vielen Jugendlichen gelesen. Die »Weltgeschichte«, zu der auch ein Lesebuch erschien, wurde überdies für den Deutschen Jugendliteraturpreis nominiert.

Bildnachweis Seiten 22, 58: akg-images / Wener Forman; Seite 26: akg-images / Pirozzi: Seiten 32, 47, 67, 73: akg-images / Erich Lessing; Seite 39: akg-images / British Library; Seite 42: akg-images / János Kalmár; Seite 66 rechts: akg-images / electa; Seite 104: akg-images / Laurent Lecat; Seite 138: akg-images / Jean-Pierre Verney; Seite 139 akg-images /© VG Bild-Kunst, Bonn 2006; Seiten 188, 192 akg-images / AP; Seite 191: akg-images / picture-alliance / dpa / dpaweb; Seite 196: akg-images /Europ. Parlament; Seite 198: akg-images / Rainer Hackenberg; alle anderen: akg-images

Karte Vor- und Nachsatz: Achim Norweg
Flaggen: Ralf Stelter

Die europäischen Staaten heute

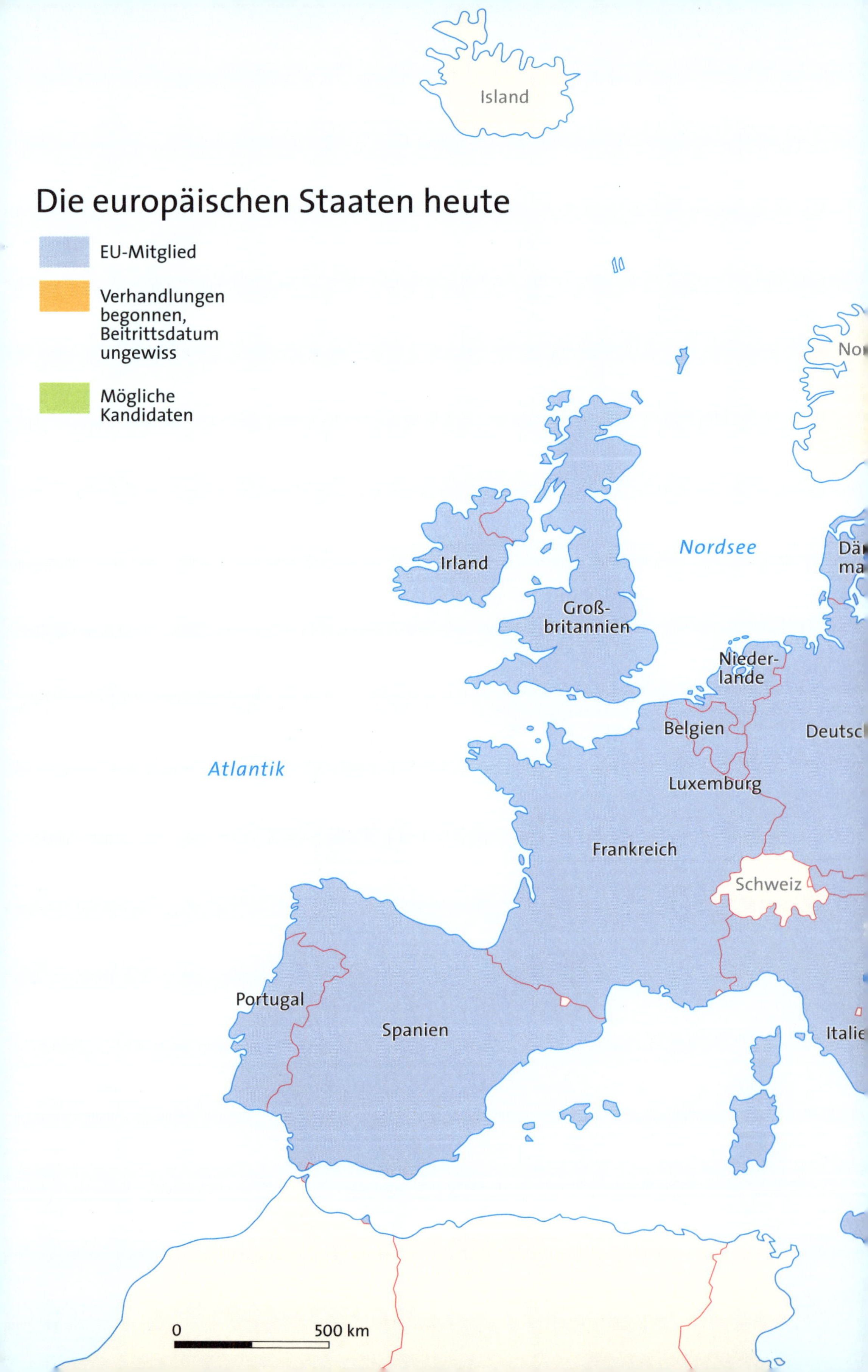